똑똑한 아이로 키우는
부모의 말 한마디

지은이 • 조은경
감　수 • 이창호
펴낸이 • 채주회
펴낸곳 • 해피 & 북스

초판1쇄 발행 ㅣ 2009년 11월 5일

등 록 • 제313-2004-00119호(2004.5.10)
주 소 • 서울특별시 마포구 망원동 379-41
전 화 • 02-323-4060, 322-4477
팩 스 • 02-323-6416, 080-088-7004
메 일 • happybooks2004@hanmail.net

ⓒ조은경 2009

편　집 • 김재원　　　마 케 팅 • 김연범(010.3767.5616)
디자인 • 김현정　　　마케팅지원 • 정수복

값 • 9,900원
ISBN　978-89-962219-9-9 03370

똑똑한
아이로 키우는

부모의 말 한 마디

조은경 지음 | **이창호** 감수

해피&북스

아이에게
긍정적인 말을 하는
부모가 되자

사람의 생각이나 느낌을 전달하는 말에는 엄청난 힘이 있다. 좋은 말은 식물들을 자라게 하고, 칭찬의 말은 고래도 춤추게 한다고 하지 않는가. 우리가 좋은 말, 나쁜 말을 가리는 것은 말의 힘에 의해 상황이 달라질 수 있기 때문이다.

아이들은 부모들의 말을 듣고 말을 배우며 성장한다. 우리 아이들에게 부모가 어떤 말을 하느냐에 따라 아이의 미래가 달라질 수 있다는 것을 생각해 보았는가. 부정적인 말보다 긍정적인 말은 사랑하는 우리 아이들이 건강하게 성장할 수 있는 밑거름이 된다.

그러나 많은 부모들이 자녀들에게는 좋은 말을 쓰도록 하면서 어른인 자신은 좋은 말을 제대로 사용하지 않는다. 때때로 아이를 사랑한다는 핑계로 자기 감정에 북받쳐 화를 내고 부정적인 말을 하는 경우가 있다. 그것은 아이에 대한 지나친 욕심 때문이기도 하고, 부모의 뜻을 아이를 통해 채우려는 자기 만족에서 비롯된다.

아이에게도 인격이 있다는 것을 잊지 말자. 아이는 부모의 소유물이 아닌 그 나름의 인격의 소유자다. 그렇기 때문에 아이를 존중하는 마음을 가져야 하고, 부모로서 좋은 모범을 보여야 하며, 아이의 밝은 미래를 위해서는 긍정적인 말을 사용해야 한다.

오늘 당신은 아이에게 힘을 실어주는 말을 했는가?

혹시 아이에게 상처 주는 말을 하지는 않았는가?

기억하라, 아이들은 부모의 사랑과 말을 먹고 성장한다는 것을.

조 은 경

차례

아이를
이해하는
부모가 되라

아이를 오해하지 않는 일은 아이를 잘 알고,
제대로 이해하는 일과 동일한 선상에 있다.
아이를 오해하지 않는 부모가 되기 위해서 우리는 무엇을 해야 하는가?
일단은 아이가 자발적으로 표현할 수 있는 계기를 마련해주는 게 중요하다.
수학을 잘하니 수학자가 되라거나 무용을 잘하니 발레리나가 되라는 식으로
부모의 의견을 드러내지 말아야 한다. 부모의 의견이나 판단이 무의식중에라도
전달되면, 아이는 그때부터 부모가 원하는 답안을 늘어놓기 시작할 것이다.

내 아이에 대해서는 모르는 게 없다고 확신하는 부모들이 많다. 아이가 어릴수록, 반항하지 않고 말을 잘 들을수록, 부모의 자신감과 확신은 더욱 높아진다. 당연한 일이 아닌가. 부모인 나보다 내 아이를 더 잘 알고 이해하는 사람이 어디 있겠는가.

틀린 생각은 아니다. 하지만 이러한 확신은 자녀를 둔 부모가 하는 가장 흔하고 위험한 오해일 수도 있다. 이 확신이 왜 오해이며, 이러한 오해가 생기게 되는 이유는 무엇일까?

대부분의 부모는 아이에게서 자신이 보고 싶은 것만 보려는 경향이 있기 때문이다. "우리 딸은 수다스럽지 않고 얌전해. 다른 집 아이들은 어찌나 말이 많고 시끄럽게 구는지 몰라. 그 부모가 얼마나 귀찮고 번잡하겠어."라고 부모가 말하는 순간, 아이는 그것을 지켜야 할 과제로 받아들인다. '말을 많이 하거나 시끄럽게 굴면 부모가 귀찮아할 테니까 입을 다물어야 해.' 라고 무의식중에 배워버린 아이는 할 말이 있을 때도 표현하지 않게 된다. 그리고 점차 표현하려는 의욕마저 잃어버려 소극적인 성격으로 변해간다.

아이들의 첫 번째 욕망은 부모에게 잘 보이고 싶어 하는 것이다. 또래친구를 사귀고 학교생활을 하기 전의 아이에게 부모는 유일한 세계이다. 그래서 부모가 원하는 모습만을 보여주려고 노력하며, 부모가 싫어할 것 같은 모습은 감춘다. 아이의 실제 성격이나 관심사, 장점과 단점에 대한 부모의 오해는 여기서 시작된다.

미진은 4살 때부터 미술학원에 다녔다. 학원선생님은 미진이 회화에 소질이 있다고 했고, 유치원에서도 재능을 인정받았다. 미진 어머니는 미진의 재능과 관심사가 미술에 있다는 사실을 의심하지 않았으며 미술특기자로 키울 결심을 했다. 그러나 초등학교 저학년 때까지만 해도 그림그리기 대회에서 두각을 나타내던 미진이 고학년에 들어서면서부터 제 실력을 발휘하지 못했다. 미진 어머니는 학원과 학교 교육에 문제가 있다고 생각해 면담을 시도했다.

그날 학교 교사는 미진 어머니에게 새로운 사실을 알려주었다. 미진이 또래보다 미술을 잘했던 이유는 일찍부터 학원 교육을 받았기 때문이지 재능이 뛰어나서가 아니라는 것이다. 게다가 미진은 계속해서 미술을 할 만큼 미술에 관심도 없었다. 점차 학원에 흥미를 잃어 빠지기가 일쑤였고, 학교의 미술 수업에도 적극적이지 않았다. 그러나 목소리가 좋고 노래를 잘 불러 음악시간에는 대단히 즐거워한다는 말도 덧붙였다.

내 아이가 천부적인 재능이 있으리라 기대하는 부모의 마음은 누구나 마찬가지다. 가능하면 빨리 그 재능을 발견해 키워주고 싶은 욕심 또한 다르지 않다. 그러나 아이가 원하는 일을 찾아 재능을 꽃 피우기도 전에, 너무 일찍 부모가 결정해서 그 길을 가게 해서는 안 된다.

미진의 미술적 재능이 학습을 통해 습득된 것에 불과했다면, 정작 미진의 재능과 관심사는 처음부터 다른 곳에 있었을 가능성이 높다. 음악을 듣거나 노래를 부르고 싶어도, 미술학원을 그만두고 싶어도 차마 부모를 실망시킬 수가 없었을 뿐이다. 이런 사례는 드물지 않다.

그러므로 아이를 오해하지 않는 일은 아이를 잘 알고, 제대로 이해하는 일과 동일한 선상에 있다. 아이를 오해하지 않는 부모가 되기 위해서 우리는 무엇을 해야 하는가?

일단은 아이가 자발적으로 표현할 수 있는 계기를 마련해주는 게 중요하다. 수학을 잘하니 수학자가 되라거나 무용을 잘하니 발레리나가 되라는 식으로 부모의 의견을 드러내지 말아야 한다. 부모의 의견이나 판단이 무의식중에라도 전달되면, 아이는 그때부터 부모가 원하는 답안을 늘어놓기 시작할 것이다.

> 1. 미나가 가장 좋아하는 사람과 싫어하는 사람은요.
> 2. 미나가 가장 좋아하는 TV 프로그램과 배우, 가수는요.
> 3. 미나가 가장 좋아하는 친구와 선생님은요.
> 4. 미나는 나중에 커서 뭐가 되고 싶은가 하면요.
> 5. 미나가 잘하는 일은 뭐가 있냐 하면요.
> 6. 미나가 받고 싶은 생일선물은요.

이는 예문일 뿐이니 어떤 문항을 만들어도 무방하다. '미나'의 자리에 당신의 아이 이름을 차례대로 넣고 먼저 답안을 채워보는 것이다. 작성이 끝났으면 아이에게 직접 물어보거나, 아이에게도 질문지를 준 뒤에 답안이 일치하는지 확인해보면 된다. 아이에게 관심이 많은 부모라도 모든 답안이 일치할 확률은 의외로 아주 낮다.

당신의 아이를 행복하게 만들어라

'행복'에 대한 가치관은 시대와 상황에 따라 달라진다. 먹을거리가 귀했던 시절에는 배불리 먹는 일이 행복이었고, 외로움에 사무친 사람에게는 마음을 나눌 동반자를 찾는 일이 행복일 것이다. 성적 향상을 바라는 학생에게는 좋은 성적표가, 입시생이라면 대학에 합격하는 일이 행복이 될 수도 있다. 이처럼 '행복'이란 어떤 일이 만족스럽고 기쁜 상태를 가리키는 명제가 된다. 그러나 그 바탕에는 부재하는 어떤 것에 대한 열망이 깔려 있다.

나의 아버지는 힘든 소년 시절을 보냈다. 아버지의 부모는 학교를 보내기는커녕 한 푼이라도 벌어 집안에 보탬이 되어주기를 바랐던 것이다. 지금도 그렇지만 당시에도 소년이 돈을 벌 수 있는 길은 많지 않았기에, 소년 시절은 버거운 노동과 굶주림의 나날이었다.

종종 아버지는 나에게 "난 그때 학생들이 제일 부러웠다. 돈 같은 거 걱정하지 않고 공부만 할 수 있다는 게 얼마나 행복한 일이니?"라고 말했다. 세상이 많이 변해 지금은 의무교육이 중등교육까지 확대되었지만, 내가 학교를 다니던 시절만 해도 그렇지 못했다. 실제로 내 고향친구들 중의 몇 명은 초등학교를 졸업하고 공장에 취직하거나 식모로 나갔다. 나는 어렸지만 아버지의 말을 이해하고 감사할 줄 아는 아이였다. 하지만 주어진 것 이상을 바라지도, 요구하지도 말아야 한다는 것을 배웠다.

"행복이 별거야? 등 따시고 배부르면 그게 행복이지."라는 말은 이제 구시대적인 발상에 지나지 않는다. 아직도 "먹여주고 재워주는데 무슨 걱정이야? 공부를 맘껏 하도록 학원비와 학비도 대어주는데 당연히 행복할 것"이라고 말하는 부모가 있다면 큰일이다. 공부를 하고 싶어도 학비가 없어 포기했다거나, 주린 배를 채우기도 어려웠던 부모의 가난의 과거를 아이에게 떠넘기지 말도록 하자. 아이는 부모의 힘들었던 시절의 이야기를 듣고 싶어 하지 않는다. 아이가 부모의 경험을 부담스럽게 느끼기 시작하면 부모에게 해야 할 말조차 닫아버린다.

✿ 아이를 행복하게 만드는 조건

내 아이가 행복하기를 바라지 않는 부모는 없다. 그러나 마음과는 달리 아이를 행복하게 만드는 방법에는 서툰 경우가 많다. 부모의 기준으로 아이의 행복을 판단해버리는 실수를 하기 때문이다. 아이가 진정으로 원하는 것이 무엇인지 모른다면, 부모가 어떤 노력을 해도 소용이 없다. 목이 마른 아이에게 크림을 바른 빵이나 케이크가 무슨 도움이 되겠는가. '크림빵이나 케이크가 더 비싸고 귀한 거잖아. 값싼 물 따위에 비교할 게 아니지.'라는 생각을 해본 적이 있는지 돌아보자. 목마른 아이는 물을 마시고 싶었을 뿐이다.

지난 금요일 저녁, 아래층에 사는 연이 엄마가 찾아와 한참을 울고 갔다. 얘기인즉 유치원에 다니는 연이가 싸움을 하고 돌아왔다는 것이다. 어린 것들이 얼마나 치고 박고 싸웠는지 얼굴에 생채기가 났고, 아침에 땋아준 머리도 까치집이 되었다고 했다. 외동딸을 키우는 연이 엄마는 몹시 화가 났다. "왜 싸웠어? 친구와 싸우는 건 나쁜 일이라고 했지? 사이좋게 놀아야 한다고 몇 번이나 말했니? 또 그럴 거야?"라고 몰아세우자 "엄마 미워!"라며 방으로 들어간 연이는 그 뒤로 유치원에 가지 않고 버틴다는 것이다. 야단을 치고 타일러 봐도 말을 듣지 않으니 속상하다며 연이 엄마는 한숨을 쉬었다.

연이 엄마가 가고 난 뒤에 나는 곰곰이 생각을 해봤다. 여섯 살 된 외동딸이 얼굴에 생채기가 나도록 싸운 사실을 알았을 때 연이 엄마의 마음이 먼저 헤아려졌다. 나 또한 비슷한 경험이 있었다. 아이가 다친 데 대한 걱정과 싸움을 했다는 데 대한 분노가 동시에 치밀었을 것이다. 그래서 '친구와 싸우는 건 나쁜 일'이라는 가르침을 주고 싶었는지도 모른다. 한편으로는 연이가 엄마와 화해하지 않으려는 마음도 이해가 되었다. 싸움은 나쁜 거지만 아무리 어린아이라도 이유 없이 싸웠을 리는 없을 것이다. 뭔가 동기가 있었을 텐데 연이 엄마는 그 내용을 묻지 않았다. 야단을 치기 전에 해야 할 위로와 대화가 빠져 있으니 아이가 심통을 부리는 건 당연했다. 나는 아래층에 전화를 걸어 "우선 연이에게 이유를 물어보고 엄마가 연이편이라는 사실을 알려주라."라고 조언했다.

어린아이들은 아주 사소한 이유로 싸움을 벌이곤 한다. 내 간식을 빼앗아 먹거나 장난감을 독점하고 싶어서, 내가 좋아하는 친구에게 말을 걸었다는 이유로도 싸운다. 싸움을 하는 일이 나쁘다는 사실을 몰라서가 아니다. 다만 아이에게는 당연한 일이, 어른의 기준에서는 터무니없어 보일 뿐이다.

내 아이를 행복하게 해주고 싶다면 아이의 기준을 알아야 한다. 놀랍게도 아이는 값비싼 선물이나 맛있는 음식보다 소중한 게 무엇인지 알고 있다. 아이의 판단을 의심하지 말고 무엇을 원하는지를 구체적으로 물어보는 것도 좋은 방법이다.

✿ 부모가 먼저 행복해져라

행복하지 않은 부모는 아이를 행복하게 만들 수 없다. 행복은 불행만큼이나 전염성이 강하며 아이는 순수하기 때문에 더 빨리 받아들인다. 최근 늘어나는 이혼가정의 아이들이 정체성에 혼란을 느끼거나 애정결핍에 시달리는 이유도 여기에 있다. 사랑이 넘치는 부모를 보고 자란 아이는 이해와 포용을 배우지만, 싸움을 자주 하는 부모를 보고 자란 아이는 분노와 두려움을 배운다. 아이에게 있어 부모는 세계의 전부며 최고의 역할모델이라는 사실을 잊지 말자.

어느 아파트에서 정기 반상회가 열렸다. 단지 내에 거주하는 아이들의 교육환경을 개선하자는 것이 주요 안건이었다. 도서관에 비치된 책자를 늘리고 대출을 장려하자, 단지 내 독서실 이용시간을 연장하고 운영을 활발히 하자는 등의 의견이 올라왔다. 자녀 교육에 관심이 많은 젊은 엄마들의 열띤 토론이 이어졌다.

한구석에서 혼자 놀고 있던 아이가 느닷없이 말을 내뱉은 것은 그때였다. "웃기고들 있네. 백날 말로만 떠들어대면서 지키는 꼴을 못 봤어." 아이의 말을 듣고 엄마들은 귀를 의심했다. 어린아이가 하기에는 지나치게 냉소적인데다 불신에 가득 찬 말이 있었기 때문이었다. 토론을 벌이던 엄마들의 시선이 아이에게 쏠렸고, 아이 엄마는 얼굴을 붉히며 어쩔 줄 몰라 했다.

설마 이런 일이 있겠냐고 하겠지만 이보다 더 심한 사례도 얼마든지 있다. 어린아이는 자신이 속한 환경에 절대적인 영향을 받기 때문이다. 부모가 욕설을 하며 싸우는 집안의 아이는 아무렇지도 않게 어른에게 대들고 욕을 하기도 한다. 부모가 서로를 불신하는 모습을 반복적으로 본 아이는 부모뿐만 아니라 세상을 불신하는 법을 배운다. 앞의 아이의 경우에도 부모 사이에 오간 불신과 냉소적인 표현에 익숙해져 있었다.

나와 남편의 관계는 꽤 친한 편이다. 의견 충돌이 있어 다툴 때도 있지만 대체로 우리는 아이들 앞에서도 애정 표현을 아끼지 않는다. 적당한 스킨십을 하며 대화하는 모습을 우리 아이는 어려서부터 많이 봐왔다. 어쩌다가 다투게 되는 상황에서도 서로를 상처 입히거나 나중에 후회할 말을 하지 않으려 노력한다. 나는 내 아이가 나를 껴안거나 "엄마 사랑해."라는 말을 자연스럽게 쓰는 이유도 여기에 있다고 믿는다.

부모는 아이의 행복을 위해 노력하는 협조자이기 이전에 충만한 행복을 공유하는 관계가 되어야 한다. 부모와 자녀의 행복은 절대 별개일 수 없다.

✹ 행복은 함께 만드는 가치다

예로부터 가화만사성(家和萬事成)이라고 했다. 집안이 화목하면 모든 일이 잘 되어가기 마련이라는 의미로, 그만큼 가정의 화목이 으뜸임을 강조한 말이다. 이는 "어진 아내는 남편을 귀하게 만들고 악한 아내는 남편을 천하게 만든다. 자식이 효도하면 어버이가 즐겁고 집이 화목하면 모든 일이 이루어진다.”라는『명심보감』의 글귀에서 유래한 말이다. 예나 지금에나 가정의 화목은 만 가지 가치 중 가장 앞에 있다.

내 어린 시절을 돌아보면 집집마다 가훈을 적은 액자가 걸려 있었다. 어떤 문장은 어렵고 한자투성이였고, 어떤 표현은 사뭇 촌스럽다는 인상을 주기도 했다. 나는 친구 집에 놀러가거나 친척 집에 방문할 일이 있을 때마다 가훈을 찾아 읽는 취미가 있었다. 어쩐지 가훈에 적혀 있는 표현대로 그 집안이 돌아가는 것 같았다.

당시 우리 집 대들보에 걸렸던 가훈은 ‘건강한 가정, 화목한 가정’이었다. 나는 아침에 가훈이 적힌 액자에 햇살이 비칠 때면 기분이 좋아지곤 했다. ‘건강하고 화목한 가정’은 평범하지만 반드시 지켜내야 할 가치로 일찍이 내 머릿속에 자리 잡았다.

오랜 시간이 흘렀지만 지금까지도 잊기 힘든 가훈이 하나 있다. 동네 친구 집에 걸렸던 그 액자는 ‘인(忍), 인(忍), 인(忍)’이라고 참을 인(忍) 자가 세 번이나 적힌 것이었다. 그것이 인내와 인고를 가리키는 단어임을 깨달은 것은 훨씬 뒤의 일이지만, 워낙 낯설었기에 오래도록 기억에 남았다. 참을 인이 세 번 있으면 살인을 면하며 세 번 생각한 뒤에 말을 꺼내면 실수할 일이 없다고도 한다. 하지만 오늘의 나는 친구가 그 가훈을 자랑스러워하고 좋아했을까 하는 의혹을 품어본다. 인내의 소중함은 성장과정의 경험을 통해 저절로 배우고 터득하게 되기 때문이다. 어려서부터 참기를 강요당한 아이는 제 안에 상처가 고여 곪고 있다는 사실을 알지 못한다. 참을 인(忍) 만큼 아이에게 어울리지 않는 단어가 또 있을까.

아이의 행복은 가족의 소중함을 깨닫는 데서 시작된다고 해도 과언이 아니다. 가족 간에 서로를 소중하게 느끼고 표현하는 일, 이를 통해 아이는 사랑하는 법을 깨우치고 마음의 평온을 얻는다. 그러나 이러한 소중함은 학습으로 가르칠 수가 없다. 그것은 마치 눈에 보이지 않는데도 내가 숨쉴 때마다 들이마시는 공기와 같다.

요즘은 가훈을 걸어놓는 집이 거의 없지만 아이와 함께 새로운 가훈을 만들어보면 어떨까. "우리 가족이 어떻게 하면 더 행복할 수 있을까? 엄마 아빠가 무엇을 하면 우리 딸이 더 즐거울까?" 등의 질문을 하며 대화를 해보자. 그리고 가족 모두가 원하는 바람을 담아 문장으로 만들어보는 것이다. 남에게 보여줄 것이 아니라 가족의 행복을 위한 것이니 형식은 상관없다. 아이들의 삐뚤삐뚤한 글씨나 엉망진창인 그림이라도 괜찮다. 가족이 수시로 볼 수 있는 곳에 액자를 걸어놓으면 은연 중에 집안 분위기를 바꾸는 계기가 된다.

부모를 존경하는 아이로 키워라

요즘 교육 현장에서 가장 큰 문제로 지적하는 사항은 존경심의 부재이다. 학생들이 선생님을 존경하지 않을 뿐만 아니라 심하게는 업신여기거나 무시하기까지 한다. 학생이 교사를 폭행하고 폭언을 일삼는다는 기사가 매스컴에 등장한 지도 오래다. 임금과 스승과 부모님을 똑같이 사랑하고 존경해야 한다고 배워왔던 세대는 상상할 수도 없는 일이었다. '모 고등학교에서 성적 등을 이유로 야단치는 교사를 학생이 폭행했다. 교사는 전치 2주의 상처를 입고 병원에 입원 중이며 정신적인 충격에 괴로워하고 있다.' 이런 내용을 뉴스나 신문기사에서 접할 때마다 나는 몸이 떨리는 충격에서 벗어나기 어렵다. 유교사회의 미덕이었던 '군사부일체'는 역사의 뒤안길로 사라지고 있다.

존경이란 남의 인격, 사상, 행위 등을 받들어 몸가짐을 공손하게 하는 행위를 말한다. 교사를 무시하는 학생이 과연 부모나 다른 어른들에게는 존경심을 가질지 의문이다.

몇 해 전, 한 다국적 기업에서 한국과 미국, 일본의 남녀 중학생들을 대상으로 설문조사를 실시했다. 가장 존경하는 사람이 누구인지, 그중에서 아버지와 어머니에 대한 존경심은 각각 어느 정도인지를 알아보는 내용이었다. 설문조사 결과 한국과 미국 학생들은 가장 존경하는 사람으로 부모님을 꼽았고, 일본 학생들은 연예인을 꼽았다. 이런가 하면 세부적인 항목을 통해 분석해본 아버지와 어머니에 대한 존경심은 미국이 60% 이상으로 첫 번째였고, 한국과 일본은 20% 내외로 별 차이가 없었다. 다시 말해 한국과 일본의 학생들은 미국 학생들에 비해 부모에 대한 존경심이 낮으며, 이 수치는 곧 부모와의 단절된 관계를 보여주는 것이었다.

어째서 우리나라의 부모는 자녀로부터 존경을 받지 못할까? 의외로 답은 간단한 곳에 있다. 부모를 존경하도록 자녀를 키우지 않았으며, 우리 자신이 존경받을 만한 부모가 되지 못했기 때문이다. 내 아이로부터 존경받고 싶다면 부모가 먼저 달라져야 한다.

✤ 사랑과 존경의 균형

　자녀는 부모에게 사랑받기를 원하고 부모는 자녀로부터 존경받기를 원한다. 가족관계에 있어 사랑과 존경은 어느 한쪽에 우선순위를 둘 수 없을 만큼 다 같이 중요하다. 하지만 부모의 관심은 종종 어느 한쪽에 치우쳐 일을 그르치고 만다. 자기도 모르게 사랑에 무게를 실어 존경을 잃거나, 존경에 집중하다 보니 사랑 표현에 소홀해지는 것이다. 이미 어느 한쪽에 쏠려 있다고 판단된다면 더 늦기 전에 바로잡아야 한다.

　영수 엄마와 나는 고등학교를 함께 다닌 친구 사이다. 우리는 비슷한 나이에 결혼했고, 비슷한 시기에 첫 아이를 낳았다. 게다가 사는 집이 가까웠기 때문에 아이를 데리고 함께 만나는 시간이 많았다. 육아 경험을 나눌 수 있는 친구가 있다는 건 내게 큰 위안이 되었다. 그런데 문제는 영수와 영수 엄마의 관계였다. 학창시절부터 성격이 온순하고 정이 많았던 영수 엄마는 아이를 사랑으로 보듬어주고자 했다. 때로는 엄격한 엄마이고자 했던 나와 달리 그녀는 영수에게 가장 친한 친구가 되어주고 싶었던 것이다.

　어느 날이었다. 부쩍 고집이 세어진 영수가 식탁에서 난동을 부리는 사건이 벌어졌다. 제 엄마 지갑에서 돈을 여러 번 훔쳐내 군것질을 하다가, 엄마가 지갑을 감춰버리자 벌어진 일이었다. "네가 뭔데 지갑을 안 줘? 네 건 다 내 거라고 했잖아. 이 거짓말쟁이!"라고 소리치며 영수는 식기를 바닥으로 내던졌다.

　영수 엄마는 울음을 터뜨렸고, 마침 그 자리에 있었던 나는 그들

모자가 펼치는 드라마를 보고 있을 수밖에 없었다.

아이를 사랑으로 길러야 한다는 데 이견은 없다. 그러나 아이와 친구가 되는 일은 좀 더 심사숙고가 필요하다. 친구 관계란 상하가 없는 평등한 관계이며, 여기에서 존경심을 기대하기는 어렵기 때문이다. 특히 어린아이는 넘지 말아야 할 경계선이 어디인지 모른다. 영수 엄마는 영수에게 다정한 친구임을 자처하고 받아주기만 했을 뿐 자제력을 길러주지 못했다. 영수가 애초에 버릇이 없거나 나쁜 아이로 태어났던 게 아니다. 엄마와의 관계가 지나치게 편했던 반면 어떤 일에도 꾸중하지 않고 방관했기에 엄마에 대한 존경심을 잃어버린 것이다.

부모로서 존경받고자 한다면 늘 사랑하되 필요할 때는 엄격해야 한다. 아이가 해서는 안 될 행동을 했다면 따끔하게 야단을 치는 일도 부모의 책임이다. 당장은 마음이 아플지 모르나 필요할 때 엄격하지 못하면 부모를 무시하고 어른을 함부로 대하는 아이를 만들 수 있음을 경계해야 한다.

✺ 당신이 먼저 아이를 존중해라

얼마 전 버스에서 재미있는 광경을 목격하게 되었다. 여덟 살쯤 된 듯한 딸아이와 젊은 엄마가 서로에게 존댓말을 하는 것이다. 나는 내리는 문 바로 앞에 앉아 있었는데 내 앞 자리가 하나 비어 있었다. "엄마가 앉으세요. 피곤하시잖아요. 전 괜찮아요."라고 아이가 말하자 "아니에요. 엄마는 안 피곤해요. 딸이 힘들 텐데 앉아요."라고 엄마가 응대했다. 서로에게 자리를 양보하는 모습도 흥미로웠지만 그들 사이에 오가는 대화를 듣자니 요즘 사람들 같지 않았다. "그럼 우리, 같이 앉아서 갈까요?"라고 누군가 말했고 먼저 앉은 엄마는 아이를 무릎에 앉혔다.

맹자의 가르침 중에 "사랑하고 존경하지 않는다면 사람을 가축으로 여기는 것과 마찬가지"라는 말이 있다. 아무리 어린아이라도 하나의 인격체로 인정해주지 않는다면 가축이나 동물로 대하는 것과 같다는 것이다. 사실이 그렇지 않은가. 가축이나 애완동물도 애정을 쏟고 의식주를 해결해주는 대상으로 삼을 수 있지만, 상대가 사람이라면 이것만으로는 부족하다. 아이들은 부모의 보살핌을 받는 데 만족하지 않는다. 존중받고 인정받고자 하는 욕망은 아이도 어른과 다르지 않기 때문이다.

영희 엄마는 아이와 대화를 많이 하는 편이지만 가끔은 귀찮을 때도 있다. 급하게 처리할 일이 있어 신경이 곤두서거나 기대했던 일이 틀어진 날은 더욱 그렇다. 그럴 때는 아이와의 약속을 잊어버리거나, 아이에게 짜증을 내기도 하는 모양이다.

어느 날 저녁에 딸아이가 친구 집에 가서 자고 오겠다고 말하며 집을 나섰다. 영희 엄마가 "다 늦어서 어딜 가서 잔다고 그래?"라고 물었더니 "엄마가 무슨 상관이야? 관심이나 있어?"라고 대꾸를 했다. 영희 엄마는 "너 지금 엄마를 무시하는 거니? 난 네 엄마야."라고 말을 해버렸다. 아이 역시 질 생각이 없었던지 "엄마가 먼저 무시했잖아? 난 엄마 딸이야."라고 소리를 질렀다. 영희 엄마는 사춘기가 온

건가 싶어 멍하니 서 있다가 아차 싶었다. 그날 저녁 외식을 하고 야구장에 갈 계획이었다. 너무 바쁘다 보니 까맣게 잊고 있었던 것이다.

만일 영희 엄마가 미리 양해를 구했더라면 상황은 한결 부드러웠을 것이다. 급한 일이 있는데 도저히 시간을 낼 수 없으니 약속을 바꿔야겠다고 부탁했더라면, 아이가 이해해주길 바란다고 말을 했더라면 말이다.

아이들이 떼를 쓴다고 생각하는 부모가 많이 있지만 사실은 그렇지 않다. 그동안 내가 경험을 통해 배운 게 있다면 아이들은 부모가 생각하는 것보다 훨씬 관대하고, 부모를 이해해주고자 한다는 것이다. 부모가 먼저 아이를 인정하고 존중하면 아이도 부모를 존중한다.

✹ 부모가 서로를 존경한다면

우리나라 사람들은 부부 간에 존경심을 표현하는 일이 참 서툴다. 남녀가 유별하고 남편과 아내의 역할이 다르다는 전통적 사고가 오랫동안 뿌리를 내려왔기 때문인지도 모르겠다. 단편적인 예로 남편이 아내에게 반말을 하고 아내가 남편에게 존댓말을 쓰는 경우만 봐도 그렇다. 부부가 동갑이거나 아내의 나이가 더 많은 경우에도 상황은 별반 다르지 않다. 드라마나 영화 속에 그려진 부부관계도 예외는 아니다. 눈에 보이는 대로 믿고 따라하는 아이의 눈에 어떻게 비칠지 염려스러운 게 나뿐만은 아닐 것이다.

나는 아이가 어릴 때 자주 동네 공원이나 놀이터에서 시간을 보냈다. 흙을 밟으며 자연을 누릴 기회가 자주 없어 대안으로 삼은 것이기도 했고, 또래아이들과 어울릴 자리도 마련해주고 싶었기 때문이었다. 아이들은 어른들처럼 이것저것 재는 게 없으니 놀이거리만 만들어주면 금세 친구가 되었다. 덕분에 나에게도 다른 엄마들과 어울릴 수 있는 보너스 시간이 주어졌다.

내가 자라던 시절만큼은 아니지만 여전히 아이들은 소꿉놀이를 좋아한다. 저희들끼리 부부관계를 맺기도 하고 만화영화 속의 캐릭터가 되어 장난질을 하는 것이다. 나는 한 엄마와 유치원에 대한 이야기를 하고 있었는데 문득 우려했던 말이 들려왔다. "어디서 여자가 반말이야? 부인은 남편에게 존댓말을 해야지."라는 말은 남자아이 입에서 흘러나왔다. 아내 역할을 맡았던 여자아이가 발끈했다. "우리 엄마는 아빠에게 존댓말 안 해. 네가 나보다 어리잖아."라며 여자아이는 반박했고 "그래도 여자는 남자에게 존댓말을 써야 해."라는 대답이 뒤를 이었다. 화가 난 여자아이는 "너랑 안 놀아!"라고 말하며 제 엄마에게 뛰어갔다.

아이를 관찰하다 보면 그 아이의 부모와 가정환경이 저절로 드러난다. 그 남자아이와 여자아이는 다른 환경에서 자랐기 때문에 이와 같은 갈등이 생긴 것이다. 물론 지금은 어린아이들의 놀이를 방해하는 문제 정도에서 그칠지도 모른다. 하지만 생각해보라. 이 아이들도 자라서 어른이 되고, 언젠가는 제 짝을 만나 결혼을 하고 가정을 꾸리게 될 것이다. 아이가 자라는 환경은 그 아이의 평생에 걸쳐 중요한 영향으로 작용할 수 있다.

나는 남편에게 존댓말을 쓰지 않는다. 존댓말과 반말 자체가 존경심을 뜻하지는 않기에 부끄럽지도 않다. 그러나 이따금 내가 무심코 남편에게 생각 없이 했던 말이나 표현을 아이가 따라할까 봐 걱정스럽다. 집안에서는 쓰지 않더라도 비슷한 상황에, 밖에서 다른 사람을 상대로도 안 썼으면 하는 표현이 있기 때문이다.

부부 간에 농담으로라도 "네 아빠를 닮지 마라! 아빠처럼 게으르면 좋은 직장을 구하지 못해 가족을 고생시킨다, 당신을 닮아서 아이 버릇이 없잖아." 등의 말을 해서는 안 된다. 부부 간에 좋은 점을 찾아내 "엄마의 착한 심성을 본받아라, 아빠를 닮아서 멋있는 남자가 되어야 한다."라고 말한다면 어떤가. 어느 쪽을 선택하든 자유지만 당신의 아이가 지켜보고 배운다는 사실은 변함없다.

또래문화를 이해하라

우리는 살아가면서 많은 집단에 소속되고 다른 사람들과 관계를 맺는다. 유치원에서 대학교에 이르는 교육과정은 물론 직장, 종교, 취미생활을 함께 하는 모임도 있다. 출산 후 산후조리원에서 몸조리를 했던 친구가 조리원 동기들과 정기적으로 모임을 가진다고 했을 때, 별 이상한 동호회가 다 있구나 싶었다. 하지만 경험을 나눌 수 있는 시기는 한정되어 있으니 그만큼 다양한 성격의 모임이 생겨나는 것도 낯선 일이 아니다. 시간이 가면 소속된 집단의 성격과 비중이 달라질 뿐 완전히 혼자로 돌아가지는 않는다.

아이들의 세계도 마찬가지다. 부모가 생각하는 것보다 아이는 더 많은 집단에 소속되어 사회생활을 하고 있다. 조금 과장을 하자면 산모가 산후조리원에서 몸조리를 하는 동안 갓난아기는 옆 침대에 누워 있는 다른 아기와 시선을 맞추는 법을 터득한다. 그리고 어린이집이나 유치원, 학교를 가면서 점점 더 큰 집단을 경험하고 사회생활을 배운다.

부모는 은연 중에 아이의 사회생활을 무시하는 경향이 있다. 무시하고 싶어서가 아니라 '어린애들이 무슨 사회생활이야. 그냥 노는 것뿐이지.'라고 가볍게 생각하고 넘어가기 때문이다. 우리 자신역시 그 과정을 경험했으면서도 잊어버리는 것이다.

하지만 현명한 부모란 아이를 인정하고, 아이가 속한 사회를 포용할 줄 아는 사람들이다. 아이가 또래들과 어울리며 사회에 잘 적응할 수 있도록 도와주는 게 부모의 역할이다.

✿ 아이도 사회생활을 한다

내가 자랄 때만 해도 '둘만 낳아 잘 기르자'라는 가족계획 캠페인이 한창이었다. 내 친구들 중에는 형제가 9명이나 되는 아이가 있을정도로 출산율이 높았다. 하지만 지금은 세상이 많이 변했는지 출산장려운동이 벌어지고 있다. 셋 이상을 낳으면 아파트 우선분양권이나, 양육비를 비롯한 정부지원 혜택을 준다고까지 홍보한다. 놀라운 변화다. 그럼에도 아이를 낳지 않고 사는 부부가 드물지 않고, 나처럼 둘을 키우는 것도 버겁다고 말한다.

아이의 성격발달과 사회성을 길러주는 데는 형제가 많은 것만큼 좋은 것이 없다. 나이에 따른 상하관계, 성별 차로 나타나는 성격과역할, 존중과 이해를 배우기 때문이다. 하지만 요즘은 맞벌이 부부가 많고, 육아에 들어가는 비용도 만만치 않아 외동딸이나 외동아들에 만족하는 추세다. 문제는 외동아이가 바람직한 사회생활과 성격 형성의 기회를 가지지 못한다는 데 있다. 부모의 관심이 아이 하나에 집중되다 보니 과보호하기 쉽고, 이런 아이는 밖에 나가서 남과 잘 어울리지 못한다.

진수 부모는 진수에게 '왕자님'이라고 불렀다. 여자아이에게 '공주님'이라고 하는 것처럼 애정을 담은 표현이지만, 진수는 그 말에 익숙해져 점차 왕자처럼 굴었다. 요구가 늘고 요구를 부모가 들어주는 걸 당연하게 여기기 시작했다. 외동아들이 귀하기만 했던 진수 부모는 가능한 모든 것을 들어주려고만 했다. 진수는 어려서부터 낯가림이 심했기 때문에 여섯살이 되어서야 유치원에 들어갔다.

어느 날 유치원 선생님에게 연락을 받은 진수 엄마는 깜짝 놀랐다. 온순한 편이었던 진수가 유치원 아이들을 밀고 때리는 등 난폭하게 군다는 것이다. 자기가 좋아하는 장난감에 손을 댔다는 게 이유였다. 그러지 말라고 하면 선생님에게도 대든다며 주의를 당부했다.

외동아들이었던 진수는 사회생활을 배우기 어려운 환경에 있었다. 형제가 없다면 친척이나 또래친구들이라도 자주 만나야 하는데 그럴 기회가 없었던 것이다. 진수 부모는 아이가 어리다는 이유로 모든 것을 받아주려고만 했다. 바로 이 점 때문에 아이는 유치원에 갔을 때 혼란을 느낄 수밖에 없었다. 남과 어울리는 방법을 배우지 못했으니 집에서와 같이 '왕자님' 대접을 받으려는 진수의 행동은 아이로서 당연한 일이었다.

이때 선생님이나 어른들이 "안 돼요. 때리지 말아요. 그만해요." 등 행동을 제어하려는 말을 하면 반발하게 된다. 아이는 자신의 행동이 잘못된 것을 모르는데 반복적으로 제동을 걸면 반항적으로 변하고 사회에 적응하지 못한다.

✿ 내 아이와 친구 되기

아이가 부모를 역할모델로 삼는 시기는 또래집단이 생기면서 흐려진다. 또래들의 관심사에 끼어들지 못하면 소외되기 때문이다. 예전에는 공부를 잘하거나 경제적으로 여유 있는 집안의 아이들이 부러움의 대상이 되고 주도권을 행사했다. 하지만 지금은 또래집단에 적응해야 살아남는다. '왕따'라 불리는 따돌림의 문제는 수년째 부모들의 고민거리가 되고 있다.

내 아이는 친구들과의 관계가 원만한 편이다. 성적은 떨어져도 노력의 여하에 따라 다시 올릴 수 있지만 또래들과의 관계는 한번 틀어지면 쉽게 회복되지 않기 때문에, 다행스럽게 생각한다. 하지만 값비싼 브랜드의 운동화를 사달라거나 게임기를 주문할 때면 당혹스럽다. "다른 애들은 다 있단 말이야. 나도 엄마가 사줄 거라고 했어."라고 말하는 아이의 논리는 내 기준에 통하지 않지만 설득하기가 어렵다. 요즘은 게임기가 없다는 이유로도 왕따가 될 수 있다고 하니 말이다.

내 친구의 고민은 아이의 말수가 적어진 데 있었다. 어려서부터 재간둥이라 불렸던 친구의 아들은 글을 빨리 깨우친 만큼 머리도 좋았다. 학교에 들어가서도 금세 전교 1등이 되어 성적 문제로 속을 썩인 일이 없었다. 그런데 어느 날부터인가 말수가 적어져 자기 방에 틀어박히기 일쑤라는 것이다. 친구는 아이의 성적이 떨어진 적이 없어 처음엔 크게 신경을 쓰지 않았다고 했다. 하지만 날이 갈수록 아이가 음침해지고 있다며 걱정이 대단했다.

아이들의 또래집단은 부모의 짐작 이상으로 힘이 세다. 성적이든 외모든 재력이든 혼자 튀는 것은 일단 경계의 대상이고 왕따가 될 소지가 있다. 성적을 따라잡을 수 없으니 차라리 외면하는 쪽을 택하는 게 아이들의 심리다. 선생님의 칭찬을 많이 받는 아이도 안전하지 않다. 너무 예쁘거나 비싼 옷을 입고 다녀도 시샘의 대상이 되며, 아이들은 친해지기보다 따돌리는 것으로 자기 만족을 얻는다. 이런 아이들이 주도권을 잡는 집단에서는 절대로 눈에 띄어서는 안 된다. 평범한 것이 곧 안전한 것이다.

부모는 아이들의 변화를 재빨리 발견할 수 있어야 한다. 또래집단에서 적응을 잘하고 있는지, 그렇지 못하다면 어떤 문제가 있는지를 아는 게 중요하다. 덮어놓고 "친구랑 싸웠니? 왜, 누가 괴롭히기라도 하는 거야? 말을 해야 알 거 아니니."라며 대답을 강요해서는 안 된다. 아이들은 부끄럽기 때문에, 또는 부모를 걱정시키기 싫어서 말하지 않고 넘어가는 경우가 많다. "넌 착하고 항상 노력하는 아이잖아. 엄마 생각에는 친구도 많을 것 같은데 실제로는 어떻지?"와 같이 부드럽게 접근하라. 부모가 아이 편이라는 확신이 들어야 아이는 고민거리를 털어놓는다.

✿ 아이의 판단력을 길러주는 방법

아이들은 또래집단의 성격에 따라 많은 영향을 받는다. 열심히 공부하고 남을 배려하는 집단에서 긍정적인 영향을 받을 수도 있지만, 그렇지 못한 경우도 분명 있다. 몰려다니며 못된 짓을 하고 남을 괴롭혀도 부모가 모를 수 있다. 안다고 해도 부모가 또래집단에 개입하는 일은 거의 불가능하다. 일단 아이를 밖으로 내보낸 뒤에는 과보호를 경계하고, 아이가 올바른 판단을 내릴 수 있는 자질을 길러줘야 한다.

학교에서 돌아온 아이들이 저희들끼리 쑥덕대더니 킥킥대고 웃었다. "뭐가 그리 재미있니?"라고 묻자 "아무것도 아니야, 엄마."라며 큰아이가 작은아이의 입을 막는다. 말하기를 좋아하는 작은아이가 엄마에게 일러바칠까 봐 미리 막는 모양새였다. 엄마는 궁금증이 동해 기다리지 못하고 거래를 제시했다. "비밀이야? 엄마가 아무한테도 말 안 할 테니까 같이 좀 알자. 재미있는 일 같은데? 그럼 엄마도 비밀 한 가지를 알려주지."라고 말해버렸다. "그래? 그럼, 절대로 다른 사람에게 말하면 안 돼." 손가락까지 걸고 나서야 아이가 말을 시작했다.

큰아이의 반에 소위 왕따를 당하는 아이가 있다고 했다. 오늘은 몇몇 아이들이 그 아이 실내화에 고무풀 한 통을 짜 넣었는데, 이 사실을 몰랐던 아이가 실내화를 신어 온통 풀칠이 되었다는 것이다. 복도에 숨어 지켜보던 아이들이 휘파람을 불고 성공을 자축하는 동안 그 아이는 울상이 되었다가 조퇴했다고 했다. 그 말을 들은 엄마는 가슴이 철렁 했다. 화를 안 내려고 했으나 표정 관리가 되지 않아 한참 동안 방바닥만 내려다보고 있었다.

　이런 상황에 화를 버럭 내서는 안 된다. 만약 이 엄마가 자신도 모르게 "그게 웃기니? 남을 괴롭히는 일이 재미있다고 지금 시시덕거리고 있는 거야? 대체 커서 뭐가 되려고 그러니?"라고 말했다면 상황은 달라졌을 것이다. 다행히도 호흡을 가다듬고 난 다음이라 입 밖으로 나가지는 않았다니 다행이다.

　"그런 일이 있었구나. 그런데 뭐가 재미있고 웃겼어?"라고 물어야 한다. "걘 바보 같잖아. 양말에 풀이 붙어서 맨발로 집에 갔다니깐."이라는 아이의 대답이 이어질 것이다.

　이런 때는 조금 긴 대화가 필요하다. "그렇구나. 그런데 그 애 엄마가 알면 속상하지 않을까? 우리 아들이 학교에서 그런 일을 당하면 엄마는 마음이 많이 아플 것 같은데. 모두 놀리고 괴롭혀도 우리 착한 아들은 어떻게 해야 하는지 알 것 같은데?"라고 말을 해줘야 한다. 그러면 아이는 엄마의 말을 귀담아들을 것이다. 아이들은 엄마를 속상하게 만들고 싶어 하지 않는다.

　아이는 또래집단에서 자신감을 얻기도 하고 열등감을 갖기도 한다. 아이가 자신의 판단에 자부심을 갖고 올바른 선택을 하도록 가르치는 부모가 되자. 혹시 잘못된 판단을 내려 실수를 하더라도 감추지 말고 의논할 상대가 부모라는 믿음을 심어주어야 한다.

말이 가지는 스킨십

나는 시골에서 초등학교를 다녔는데, 특히 1학년 때의 담임선생님이 잊혀지지 않는다. 그분은 정년퇴직을 몇 해 남겨두지 않은 중년의 선생님이었다. 당시 30명이 넘었던 우리 반은 학교에서도 소문난 말썽쟁이들로 손꼽혔다. 유치원을 다니지 않았으니 글을 쓰거나 읽지 못하는 아이들이 대부분이라 관리하기가 힘들기도 했을 것이다.

다른 선생님이라면 꺼렸을 우리 반을 맡고 나서 선생님이 하신 말씀은 "30명도 넘는 늦둥이 자식들을 생겨 기분이 너무 좋다. 앞으로 일 년 동안 지금처럼 행복하게 지내도록 서로 노력하자."라는 내용이었다. 그리고 실제로 선생님이 한 해 동안 보여주신 사랑은 지극한 것이었다. 학교 옆 관사에서 지내며 굶고 나온 학생들의 아침을 챙기는 데서 시작해, 하루에도 몇 번씩 "내 새끼들!" 이라는 호칭을 쓰셨으니 우리는 어느새 "우리 반 할아버지, 우리 반 큰아버지"라 부르게 되었다. 할아버지, 큰아버지라 불리는 호칭이 선생님은 퍽 마음에 드셨는지 가끔은 "이 할아버지가, 이 큰아버지가 오늘 내줄 숙제는" 이라고 직접 응용하시기도 했다.

우리 아이들은 이런 경험을 해보지 못할 것이다. "아버지, 할아버지"라 부르는 학생들도, "내 자식, 내 새끼"라 부르는 선생님도 없을 것이다. 그래서 지금 나는 부모처럼 받들었던, 가족같이 정다웠던 선생님과 그 시절이 무척이나 그립다.

✿ 진심에서 우러난 말

다정한 말 한 마디는 몸을 따뜻하게 만들고, 냉정하고 쌀쌀맞은 말 한 마디는 몸을 얼어붙게 만든다. 몸을 덥히고 차게 만드는 게 다가 아니다. 따뜻한 말을 들으면 피로가 가시고 희망이 솟으며, 차가운 말을 들으면 기운이 빠지고 주저앉게 되기도 한다. 하루 종일 고단한 노동에 지쳐 돌아온 남편에게 가족들이 "고생 많았어요. 고마워요."라고 말해주면 다음 날 다시 일할 힘이 솟는다고 하지 않는가. 말 한 마디가 천 냥 빚을 갚게 되는 이유도 이와 같다.

육아에 관한 책을 읽다 보면 꼭 지켜야 할 항목에 '칭찬하라, 감동하라' 라는 말이 있다. 작은 일이라도 감동하다 보면 실망할 일이 없어지고, 아이에게 강요하지도 않게 된다. 아이는 부모의 감동을 든든한 의지로 삼아 성장하는 모습으로 보답할 것이다.

여행사에서 일하며 해외 출장이 많았던 친구는 아기를 낳고부터 집에 들어앉았다. 처음에는 아기를 바라보는 것만으로도 행복에 겨워 다른 생각이 나지 않았다. 그러나 차차 시간이 지나면서 친구의 갑갑증이 시작되었다. 워낙 활동적인 성격인데 아기와 둘이 온종일을 보내려니 지치기도 했을 것이다. 가까운 친구들은 멀리 살았고, 부모님이 육아를 도와줄 형편도 못되었기 때문이었다. 친구는 남편의 늦은 귀가에도 짜증이 났다.

"나 혼자서 종일 아이를 보고 있잖아. 그게 어떤 건지 당신이 알아? 애는 같이 만들어놓고 왜 키우는 건 나 혼자 해야 하냐고?"라며 친구는 집에 돌아온 남편에게 따지는 날이 잦아졌다. "미안해. 애하고 하루 종일 씨름하느라 힘들었지?"라고 남편이 응대하면 이번에는 투덜대는 자신에게 화가 났다. 그러나 "왜 혼자 키운다고 생각해? 나는 뭐, 집에 오기 싫어서 늦게 오는 줄 알아? 처자식 먹여 살리겠다고 일하다 보니 늦는 거잖아." 어쩌다가 남편의 이런 반응이 나오는 날은 여지없이 부부싸움으로 이어졌다.

아이가 소중하지 않았던 건 아니지만 어느 날부터인가는 아이에게도 화가 났다. '너 때문에 내 인생이 이렇게 됐어. 사회생활도 못하고 집에만 틀어박혀 있잖아. 너 때문에 내 인생을 희생하고 있는 거야. 왜 이래야 해?'라는 생각이 들면 친구는 아이에게 화가 나는 동시에 죄책감도 들었다.

사실 친구는 남편이나 아이에게 화가 난 것이 아니다. 다른 일을 할 수 없는 상황이, 육아 과정에서 겪어야 하는 인내가 힘들었을 뿐이다. 하지만 힘들다는 말을 하고 풀 수 있는 대상이 없으니 짜증을 내는 쪽으로 바뀌고 말았다. 만일 남편에게 "내가 요즘 힘들어. 조금 일찍 들어와서 도와줬으면 좋겠어."라고 말했더라면 어땠을까. 억지로 하라는 게 아니라 친구가 정말 원하는 건 그것이기 때문이다. 그렇다면 남편과 싸우며 힘을 뺄 일도 없었을 것이다.

부모가 아이를 낳고 기르는 일은 '희생'이 아니다. 최소한 아이의 출생은 부모의 선택이지 아이의 선택이 아닌 것이다. 그러므로 아이로 인해 힘들어지는 순간이 오면 처음 그 아이를 만났을 때를 떠올려보길 권한다. 아이 하나로 인해 온 세상이 밝아보이던 그날의 감동이 힘이 되어줄 것이다. 어제는 못했던 일을 오늘 해냈을 때,

지난주에는 못했던 말을 오늘 했을 때, 마음껏 '감동' 받아야 한다. 이러한 감동은 가족 관계를 부드럽게 만들고 따뜻한 분위기로 바꿔 준다.

✿ 사랑한다는 말

지난해 모 우유회사에서 만든 TV 광고에서 "사랑한다, 사랑한다, 사랑한다."라는 카피를 써서 주목을 받은 일이 있었다. 어린아이가 뭘 잘못했는지 엄마에게 야단을 맞고는 울음을 터뜨린다. 그 아이에게 우유 한 잔을 주고 안아주며 엄마가 하는 말이 "사랑한다."였다. 아이가 눈물 맺힌 얼굴로 우유를 마시는 얼굴이 클로즈업되고 "사랑한다."가 세 번이나 들어간 카피가 브라운관에 떴을 때, 나도 모르게 뭉클해졌던 기억이 난다. 그 광고는 소비자가 원하는 심리를 제대로 건드렸다는 평가를 받으며 그해 광고대상까지 받았다.

우리에게 가장 친숙한 단어는 아마도 '사랑'이라는 말일 것이다. 수없이 많은 영화와 연극, 드라마와 출판된 도서들까지, '사랑'이 빠진 이야기는 없다. 많이 보고 들어왔으나 여전히 물리지 않는 주제가 사랑이며, 누구에게나 여전히 사랑받는 말이 또한 '사랑'이기 때문이다.

이와 같이 부모와 아이가 접촉하는 가장 쉬운 표현도 "사랑한다."라는 말이다. 음식은 과하면 탈을 일으키고, 술은 과하면 취하며, 무슨 일이든 과하면 문제가 된다지만 사랑만큼은 예외다. 아무리 표현해도 부작용이 없는 말, "사랑한다."는 부모와 자녀를 연결시켜주는 가장 쉬운 방법이며 동시에 가장 효과적인 방법이다.

자녀와의 관계가 나빠져 가정 상담소에 연락하는 부모에게 주는 처방은 이런 것이다.

"매일 최소한 세 번 이상 사랑한다고 말하고, 이 과정을 한 달 동안 계속하십시오."

안 한 지 오래된 말을 새삼스럽게 꺼내기도 불편한 데다 이미 "사랑한다."는 말을 쓰기가 어색할 정도로 틀어져버린 가족 관계였다. 그래서 부모는 머뭇거리고 대답을 못했다.

"처음에는 힘드실 거예요. 그래도 그냥 해보세요. 한 달 뒤에 다시 오시고, 그때까지 아무런 차도가 없으면 AS해 드립니다."

농담처럼 말하는 상담사의 처방전을 받고 부모는 집으로 돌아왔다. 집에 돌아와서도 한참을 망설였다. 아이들에게 갑자기 "사랑해, 아들아. 사랑해, 딸아."라고 하면 아이들은 기겁을 할 것이다. 또는 "왜 안 어울리는 행동을 하세요? 누구세요?"라고 말할지도 몰랐다. 그래도 안 해보는 것보다는 낫겠지 하고, 지푸라기라도 잡는 심정으로 마음을 다잡았다.

"얘들아, 엄마 아빠는 너희들을 사랑한다."라고 처음 말을 꺼내던 날, 아이들은 '이게 뭐지?'라는 표정으로 대꾸도 없이 저희들 방으로 들어가 버렸다. 등에서 식은땀이 났던 부모는 "이걸 정말 한 달이나 해야 해?"라며 고민하다 저녁식사 때 다시 말을 꺼냈다. "얘들아, 그동안 표현을 못했지만 우리는 너희를 사랑한단다." 그리고 아이들의 묵묵부답이 이어졌다. 그렇게 한 달이 시작되었다.

한 달 뒤에 이 가정에 무슨 일이 생겼을지는 우리의 짐작대로다.

오랫동안 틀어진 가족 관계를 단숨에 뒤바꿀 수는 없었지만 많이 좋아졌다는 답변이 상담소에 전달되었다. 사랑이란 말은 그런 것이다. "사랑한다."는 말은 어떤 불안한 상황도 녹여버리는 이상한 힘이 있다. 때로는 말없는 포옹이 필요하겠지만, 다른 날은 입을 열어 소리로 들려주어야 한다. 부모가 자녀에게 하는 사랑의 말, 이보다 값진 말은 없다.

❀ 웃으며 하는 좋은 말

십여 년 전에 방송한 어느 코미디 프로그램 중에 '웃으면 복이 와요'라는 것이 있었다. 요즘 나오는 방송들처럼 세련된 맛은 덜하지만, 난 왠지 코미디는 그래야 한다고 생각한다. 정치를 풍자하면서도 우스갯소리에 담아 시청자의 공감을 자아냈기 때문이다. 보면서 웃을 수 있고 공감할 수 있는 게 진정한 코미디가 아닐까 싶다. 그런데 최근에 데뷔한 젊은 코미디언들은 유행어를 만드느라 머리가 다 빠진다고 들었다. '유행어'는 말 그대로 유행하는 말이며, 인기를 증명하는 것이기 때문이다. 여전히 사람들은 코미디를 보며 웃고 즐기지만 내 감각과 맞지 않는 탓인지 공감이 쉽지는 않다.

부모는 자녀에게 웃을 수 있는 말을 해야 한다. 그러면 어떤 부모들은 "날더러 아이를 상대로 코미디를 하라는 말이야?"라고 불편한 심정을 드러낸다. 아이에게 웃음거리가 되라는 말이 아니다. 부모가 아이에게 웃음거리가 되어서는 존경받지 못하고, 지나치게 편해져서 관계를 힘들게 할 수도 있기 때문이다. 그러나 부모와 자녀가 함께 바꿔서 좋은 습관은 '웃음'과 '좋은 말'을 하는 것이다.

외과의사를 남편으로 둔 친구로부터 재미있는 이야기를 들었다. 친구는 남편과 10년에 가까운 나이 차가 나기 때문에 보통의 부부 관계와는 조금 달랐다. "세대 차이가 나는 것 같아."라는 친구의 말을 들었을 때는 웃었지만 이해되지 않는 바는 아니었다.

친구의 남편은 외과의사인 데다 최근까지 응급실 전담의사로 일했다. 그러다 보니 밤늦게 교통사고 등으로 응급실에 실려오는 환자들의 고통을 대면하는 일이 많았다. 눈에 띄는 신체손상 환자들을 대하는 기간이 길어지면서 친구 남편의 성격은 점차 어두워졌다. 가장의 성격 변화는 집안 분위기에도 영향을 미쳐 가족들이 함께 웃는 시간이 사라져갔다.

결혼생활이 십 년이 넘어가자 친구의 가족은 겉으로 풍족했으나 속으로 침울한 날의 연속이었다고 한다. 어느 날 남편이 친구에게 한 가지를 제안하기 전까지는 적어도 그랬다.

"오늘부터 내가 많이 웃을 거야. 그리고 말도 많이 할 거야. 당신도 협조해야 해?" 친구의 남편이 말을 꺼냈을 때 친구는 당황스러웠다. 그리고 남편은 약속했던 대로 "잘 잤어?"를 시작으로 말이 많아졌고 잘 웃었다. 처음에는 아이들도 제 엄마와 마찬가지로 당황한 모습이었으나, 아빠의 행동 변화가 몇 주간 변함없이 계속되자 집안 분위기가 달라지기 시작했다. 요즘은 부쩍 화목해져 새로 결혼한 느낌이라 말하는 친구는 "그이가 글쎄, 아버지를 위한 학교를 갔었다지 뭐야?"라며 자랑스러워 했다.

친구 남편의 과묵함과 어두운 성격이 집안 분위기를 가라앉혔으니 그가 제 역할을 찾아 집안을 밝게 만들었다는 사실이 반갑다. '웃으면 복이 온다' 라는 말은 맞는 말이다. 웃는 얼굴로 다정하게 말하는 사람에게 언짢았던 기억은 없을 것이다. 가족에게도 그렇게 하면 부부 관계가 좋아지고 아이들도 부모와 가깝다고 느끼게 된다. 10년이 넘게 어두웠던 친구의 집안 분위기가 밝아진 것처럼, 구성원의 성격 변화만으로도 가정은 달라질 수 있다. 많이 웃고 많은 이야기를 하는 것이 중요하다.

아이와 소통하는 2

부모가 되라

'통' 한다는 말은 곧 사람 사이에 관계를 맺고

원활한 커뮤니케이션을 한다는 의미다. 부부, 친구, 동료 사이는 물론

부모와 자녀, 형제들 사이에서도 '통' 해야 관계가 원만하다.

소통은 어느 날 갑자기 완성되는 것이 아니다.

아이가 어릴 때부터 부모와 관계를 맺고 소통하는 일을 시작하도록 하라.

우리 아이들은 부모와 통하지 않는다고 느끼는 시점부터 빠르게 멀어져간다.

멀어진 뒤에는 관계를 회복하기가 어렵다.

가장 친한 친구가 누구냐는 질문을 받았다고 해보자. 우리는 오래 고민할 필요도 없이 재빠르게 한 사람의 얼굴을 머릿속에 떠올릴 것이다. 가장 많은 시간을 함께 보냈거나, 가장 많은 대화를 나누며 잘 이해한다고 믿는 친구의 얼굴이다. 그의 이름을 말하자, 이번에는 어째서 그 친구와 가장 친하다고 생각하는지 이유를 묻는다. 이런 질문을 받으면 모든 사람들이 비슷한 답변을 내놓는다고 한다. 그 친구와 나는 서로 잘 통하기 때문이라고 말이다.

'통' 한다는 말은 곧 사람 사이에 관계를 맺고 원활한 커뮤니케이션을 한다는 의미다. 부부, 친구, 동료 사이는 물론 부모와 자녀, 형제들 사이에서도 '통' 해야 관계가 원만하다.

나는 중학교 2학년 때 가장 좋은 친구를 만났다. 학생들을 키가 큰 순서로 일렬로 세워 번호를 매기고 앞자리부터 앉혔던 시절이었다. 그 친구는 나보다 키가 컸는데도 어쩌다보니 내 앞에 섰던 탓에 우리는 한 번호 차이로 나란히 앉는 짝이 되었다. 그렇게 시작된 인연이 지금까지 20년이 넘도록 꾸준히 이어지고 있다.

우리가 친밀한 관계를 유지할 수 있었던 것은 쭉 '통'해왔기 때문이다. 고등학교와 대학을 서로 다른 곳으로 진학했지만 잦은 만남과 연락을 유지해서 관계가 뜸해졌던 적이 없었다. 일반적으로 나이가 들고 각자의 생활이 달라지면 예전의 관계를 유지하기 어렵다. 상대방의 달라지는 모습이 낯설고 내가 아는 사람이 아니라고 생각되는 것이다. 하지만 오랫동안 꾸준히 맺어온 관계는 성장과정을 가까이서 지켜보며 그의 변화까지도 이해할 수 있게 만든다.

부모와 자녀관계는 친구와는 또 다르다. 자라온 환경이나 경험이 다르기 때문에 서로를 이해하기가 그만큼 어렵기 때문이다. 하지만 어떤 가정의 아이들은 부모와 대화하는 시간이 즐겁다고 말한다. 말이 잘 통하고 이해받고 있다는 느낌이 '통' 한다는 것이다. 반면 또 다른 가정의 아이들은 부모와 대화하는 일이 점차 불편해지고 멀어진다고 생각한다. "부모님은 우리를 이해하지 못해요. 말이 안 통하는데 어떻게 대화를 할 수 있겠어요?"라는 아이의 말은 소통, 즉 '통' 하지 못하고 있다는 증거이다.

> "
> 1. 아이들과 대화하는 시간은 얼마나 되는가?
> 2. 부모는 아이들이 하는 말과 관심사를 이해할 수 있는가?
> 3. 아이들은 부모에게 이해받고 있다고 느끼는가?
> 4. 부모와 자녀 간의 대화는 어떤 주제로 이루어지는가?
> 5. 부모와 자녀의 대화 시간이 즐거운가?
> "

이 같은 물음에 대한 답변은 부모와 자녀 사이의 친밀도와 소통하는 정도를 알려주는 방법이다. 소통은 어느 날 갑자기 완성되는 것이 아니다. 아이가 어릴 때부터 부모와 관계를 맺고 소통하는 일을 시작하도록 하라. 우리 아이들은 부모와 통하지 않는다고 느끼는 시점부터 빠르게 멀어져간다. 멀어진 뒤에는 관계를 회복하기가 어렵다.

아이와의 소통, 대화의 시작

"꼭 말을 해야 알아? 그냥 통하는 거지."라고 말하는 사람들이 있다. 하지만 말하지 않고도 상대방이 알아들을 거라는 믿음은 현대 사회에서 설득력을 잃은 지 오래다. 사람마다 생각이 다르고 표현이 제각각인데 오해를 받지 않고 진심을 전하기 위해서는 대화가 필수적이다. 긴 세월을 함께 살고도 이혼하는 부부들의 사례 역시 이러한 오해가 깊어진 결과인 것이다.

말은 생각을 담아내는 그릇이다. 그릇이 깨져 있으면 음식물이 흩어져 형체를 알아볼 수 없게 되는 것처럼, 말이 제 역할을 수행하지 않으면 생각은 뿔뿔이 나뉘어 상대에게 전해지지 않는다. 말을 못하는 사람들이 수화를 하거나, 몸짓으로 말하는 이유도 이와 같다. 표현을 하지 않고서 이해를 바라는 건 큰 모순이다.

모든 부모는 자녀들과의 관계가 친밀하기를 바란다. 그리고 그러한 바람을 아이들이 이해할 것이라고 은연중에 믿고 있다. 하지만 재미있는 사실은 '이해'를 받기 위해서도 '표현'이 먼저라는 것이다. 아이들과의 관계가 소원하다고 말하는 부모들이 하나같이 대화가 부족하다는 사실도 이를 증명하는 일이다.

✺ 먼저 말을 걸어라

임산부가 뱃속의 아기에게 말을 걸고 음악을 들려주면 아기가 듣는다고 한다. 아직 이목구비도 갖춰지지 않은 작은 생명체가 무얼 알겠냐고 되묻는 사람도 있겠지만, 이는 과학적으로 밝혀진 내용이다. 태내에 있는 동안에도 아기의 뇌는 자극을 받으며 임신 중에 들려준 음악은 계속해서 기억에 남는다고 한다. 산모가 섭취한 음식물이 태아의 건강에 직접적으로 작용한다면, 산모의 감정 상태와 대화 여부는 태아의 정서발달에 큰 영향을 준다. 태교의 중요성은 여기에 있다. "사랑한다고 말해줬더니 아기가 발로 차면서 대답을 하는 거야."라고 말하는 산모의 말을 귀담아들어야 한다.

수현이는 컴퓨터 게임광이다. 맞벌이를 하는 부모가 함께 놀아줄 시간이 없어서 방치했던 것이 주된 요인이 되었다. 어린이방과 유치원에 다닐 때까지만 해도 TV 보기를 좋아하더니 초등학교에 들어가자 컴퓨터 게임에 열광하기 시작했다. 컴퓨터 게임을 하느라 책상 앞에서 패스트푸드나 간식으로 끼니를 때우던 날이 많았던 수현이는 비만이 되어가고 있었다. 먹거나 잠자는 것, TV 보는 것보다 컴퓨터 게임이 좋다니 수현이 부모는 걱정이 되었다.

때마침 이직을 하게 된 수현 엄마는 직장을 쉬는 동안 아이의 버릇을 고쳐주기로 마음먹었다. "그렇게 게임만 하다가는 친구들에게 공부가 뒤처질 거야. 식사습관을 바꾸지 않으면 뚱보가 되고 말걸. 나중에 후회할 일을 하는 거야."라는 말로 수현 엄마는 아이를 다스릴 수 있다고 생각했다. 하지만 현실은 그렇지 못했다.

수현이 유별난 것이 아니다. 요즘 아이들의 상당수가 컴퓨터 게임을 좋아한다. 취미로 좋아하는 정도가 아니라 마치 중독되기라도 한 듯 식사와 잠자기를 거부할 정도다. 그러다보니 학교 성적은 물론 건강에도 부정적인 영향을 주고 있다. 그래서 많은 부모들은 아이들의 컴퓨터 게임 시간을 줄이려고 갖가지 시도를 한다. 가족이 함께 보내는 시간을 늘려보기도 하고, 학원을 보내거나 운동을 하라고도 한다.

하지만 이미 컴퓨터 게임에 빠진 아이는 가족과의 외출에 흥미가 없다. 부모가 출근을 하지 않는 주말에도 방문을 걸어잠그는 아이들은, 부모가 차라리 집에 없는 시간이 마음 편하다고 말한다. "새삼스럽게 무슨 대화요? 난 어린애가 아니니까 내가 알아서 할 수 있어요, 컴퓨터 게임이 나쁜 짓인가요?"라는 아이의 말에 부모는 충격을 받게 된다.

아이가 이와 같은 반응을 보이더라도 큰 문제가 아니다. 정말 문제는 이를 어떻게 풀어나가는가에 달려 있다. "당장 컴퓨터 게임을 그만둬라."고 말하지 말고 "그게 왜 그렇게 재밌는지 엄마는 모르겠는데, 좀 알려줄래?"로 시작하라. 아이가 배 속에 있었을 때 우리가 했던 태교를 떠올리며 대화를 시도하는 게 커뮤니케이션의 시작이다.

❀ 아이의 말에 집중하라

내가 무슨 얘기를 하는 데 상대가 듣지 않는다고 느껴질 때가 있다. 직장생활이나 친구, 가족과의 관계에서도 이 같은 경험은 사람을 의기소침하게 만든다. 그들에게 나는 중요한 사람이 아니고, 내 말은 주의 깊게 들을 만한 가치가 없는지 자문하게 된다. 이런 생각은 자신감을 떨어뜨리고 다음에 말을 꺼낼 의욕을 꺾어놓기도 한다.

남편과 나는 신혼 때부터 퇴근 후 하루의 일과를 교환하고 대화를 하는 편이었다. 남편은 자상했지만 내 말을 대강 듣는 습관이 있었던 것 같다. "오늘 저녁에는 어머니가 오신다고 했어. 그러니까 바쁘더라도 일찍 들어와."라고 말하면 "그래 알았어."라고 대답했지만 여지없이 늦고는 했다. 저녁식사 시간이 지나도 연락 없는 남편에게 전화를 걸면 "어머니가 오셨다고? 왜 그런 말을 이제야 해?"라며 적반하장이었다. 나중에도 이 습관은 고쳐지지를 않았다. 아이의 소풍 전날에 "집에 들어오는 길에 계란 좀 사다줘. 내일 김밥을 말아야 되는데 계란을 빼먹었지 뭐야?"라고 부탁해도 그냥 들어오기가 일쑤였다. "계란? 무슨 계란?" 남편의 기억력이 나쁘다거나 건망증이 있어서가 아니라 내 말을 주의 깊게 듣지 않아서 벌어진 일들이었다. "왜 내 말을 제대로 듣지 않는 거야."라며 내가 항의했고, 우리는 이런 일로 자주 다퉜다.

학교에서 돌아온 아이가 내게 준비물을 일러주면서 "또 까먹으면 안 돼, 엄마."라고 몇 번이나 강조했다. 내가 아이의 준비물을 잊어버리는 실수를 자주 해왔기 때문이었다. 내가 깜빡 잊는 일이 많으니 그런 날은 메모지에 적어 냉장고나 책상에 붙여놓는 것으로 기억을 되살리기도 했다.

전에도 한번은 내가 일을 하느라 몹시 바빴는데 아이가 와서 자꾸 말을 시켰다. "유치원에서 발표회를 하는데 내가 주인공을 맡았어. 선생님이 의논한다고 엄마랑 같이 오래."라는 얘기를 했던 모양이다. 나는 그때 바쁘기도 했고, 아이가 여러 말 하는 게 귀찮아서 "알았어, 그래." 이런 식으로 응대를 했던 것 같다. 그리곤 곧 잊어버렸다. 나중에 아이가 항의를 했을 때 "그런 중요한 얘기를 왜 제대로 안 했냐?"고 물었고 아이는 "엄마가 안 들은 거잖아. 내 말을 언제는 열심히 들었어?"라는 것이다.

부모는 아이가 어리기 때문에, 또 가벼운 사안이라고 생각하기 때문에 아이의 말을 귀담아 듣지 않는다. 겉으로는 아니라고 해도 일정 부분 무시하는 마음이 있는 것일지도 모른다. 만일 상대가 회사 상사거나, 예의를 갖춰야 하는 관계의 사람이었다면 절대로 하지 않았을 행동을 아이에게는 한다. 그런 행동이 아이의 신뢰를 잃고, 소통의 장애를 가져온다는 사실을 깨닫지 못하기 때문이다. 아동 교육서에서는 "아이가 하고자 하는 말이 있을 때는 열일 제쳐두고 집중해서 들어야 한다."라고 가르친다.

아이가 예전에 유치원 발표회 얘기를 했던 날에도, 차라리 "지금은 바쁘니 한 시간 뒤에 다시 얘기하자."라고 말했다면 좋았을 거란 생각이 든다. 그렇다면 아이의 말을 놓쳐버리거나, 아이로 하여금 '엄마는 내 말을 잘 안 들어준다'는 인식을 갖게 하지 않았을 것이다. 당시에는 바쁘다는 사실과 귀찮다는 심정 때문에 옳은 판단을 내리지 못했다.

✿ 대화를 시작하는 규칙들

나는 부모님과 편안하게 대화해 본 기억이 별로 없다. 아버지보다는 상대적으로 어머니가 가깝고 편했지만, 어머니 역시 나와 공유할 만한 경험이 많지 않았기 때문이었다. 그래서 부모님과의 관계가 유달리 가까운 학교 친구들을 보면 부러운 마음이었다. 부모와의 관계가 친구 같아서 모든 얘기를 함께 나누는 일이 가능하다는 게 믿어지지 않았다.

어느덧 나도 한 아이의 엄마가 되었다. 내 아이가 밖에 나가서 제 친구들에게 무슨 말을 하는지 가끔은 궁금하다. 우리 엄마와는 말이 잘 통하고, 어떤 일도 함께 의논할 수 있다고 믿어주길 바라는 건 내 욕심일지 모른다. 그래도 저희만의 비밀을 가지는 나이가 되기 전까지는 내가 가장 가까운 친구였으면 좋겠다는 바람이다.

1 사소한 내용부터 시작하자

먹고 자는 일을 비롯한 일상생활의 사소한 일들을 공유하는 일이 시작이다. 좋아하는 음식과 잠자리에 드는 시간, 휴일을 어떻게 보낼지에 대한 일들부터 대화하는 습관을 길러보자. 잔소리꾼이 되지 않으면서도 아이들의 생활을 파악할 수 있는 방법이다.

2 서로의 의논 상대가 되자

아이들이 필요로 할 때 고민거리를 들어주고 상담할 수 있는 부모가 되어야 한다. 그러기 위해서는 아이들의 관심사에 관심을 가지고 열려 있어야 한다. 한편 부모의 고민에도 아이가 협력하도록 만들어라. 심각한 일이 아니라 친구 모임에 입고 갈 옷을 고르는 작은 일이라도 의논을 해보면, 아이들은 저희가 부모의 의논 상대가 된 듯 우쭐하며 만족감을 느낀다.

3 긍정문으로 질문해야 긍정문으로 답변한다

같은 말을 하더라도 긍정문으로 하는 부모가 아이들의 환영을 받는다. "음식을 흘리면서 먹는 건 나쁜 습관이라고 했지?, 욕을 하지 마라."와 같이 부정적인 표현은 거부감을 일으키기 때문이다. "음식을 흘리지 않고 먹는 것이 좋은 습관이야, 예쁜 말을 써야 남들에게 사랑받는다."와 같이 긍정적인 표현을 기본으로 삼아야 한다.

4 아이가 말할 때는 끝까지 듣는다

어른들의 나쁜 습관 중의 하나는 아이의 말을 중간에 자르는 것이다.

비록 아이가 조리 있게 말하지 못하고, 말하려는 내용이 짐작 가더라도 끝까지 들어주어야 한다. 자기 말을 끝까지 경청하는 사람에게 말하고 싶은 것은 아이나 어른이나 다르지 않다.

5 칭찬해주며 대화한다

칭찬은 고래도 춤추게 한다고 하지 않던가. 조련사들도 동물을 훈련시킬 때 채찍만 사용하지 않는다. 가르치는 행동을 했을 때 좋아하는 음식을 상으로 내려 칭찬한다. 자녀 교육에 있어 칭찬은 비타민의 10배쯤 되는 영양분이다. 아이가 말할 때 "그런 단어도 알아? 놀라운데? 역시 우리 아들은 똑똑하다니까." 등의 칭찬을 추임새로 곁들여라.

당신의 유머가 아이를 융통성 있게 키운다

어릴 적에 나는 이모 댁에 자주 갔다. 어머니와도 유난히 가까웠던 형제라 거의 모든 방학을 이모 댁에서 보냈던 것 같다. 사촌들의 나이가 나와 비슷해서 어울리기가 재밌었기 때문이기도 하다. 이모는 농담을 좋아하는 유쾌한 사람이었다. 나와 사촌들이 TV를 보고 앉아 있으면 갑자기 방에 들어와 "다들 꼼짝 마! 손들어!"라고 손가락 총을 겨냥하는 것이다. 그리고는 당황한 우리들이 미처 피할 새도 없이 큰 소리로 방귀를 뀌었다. 이모의 손가락 총은 엄청난 소리의 방귀가 있을 거라는 신호였다. 가끔은 이모의 "꼼짝 마! 다 죽었어!"라는 엄포에도 불구하고 방귀 소리가 피시식 하며 나올 때도 있었다. 그럴 때면 우리는 "에게, 그게 다야?"라고 웃으며 이모를 놀리기도 했다.

시대가 변하면 농담도 변한다. 지금은 이모의 손가락 총과 방귀소리가 아이들의 웃음을 자아내지 못할 것이다. 며칠 전에 내가 "오늘은 외식할 거야. 엄마가 근사하게 스페셜 피자로 쏜다!"고 말했더니 아이가 "어라? 엄마가 쏜다고? 왜? 돈 벌었어?"라고 물었다. "뭐, 그런 건 아니지만. 아무, 이유 없어."라고 대답해 줬다. "아무, 이유 없어."라는 말은 길게 끌며 최대한 느끼한 어조로 발음했는데 아이가 까르르 웃으며 좋아했다. "엄마 짱인데? 그런 말도 할 줄 알아?"라며 즐거운 반응이었다. 최근 코미디 프로그램에서 인기 있다는 그 말을 광고에서 보고 기억해 뒀는데, 역시 성공이었다.

❀ 대화를 즐겁게 만드는 도구, 유머

말실수를 줄이기 위해 말을 많이 하지 말고 신중하라고들 말한다. 하지만 심사숙고해서 빈틈없는 말, 꼭 필요한 말만 하는 대화란 얼마나 무미건조하고 재미없는가?

얼마 전에 내가 급한 마감을 끝내지 못해 밤샘을 해야 했던 날이었다. 남편과 아이가 있다 보니 집안일도 어느 정도는 해야 했고, 그러다 보니 일할 시간을 만들기 어려웠던 것이다. 커피를 몇 잔씩이나 마시며 한참 일을 하고 있을 때 아이가 화장실에 가느라 나왔던 모양이었다. "엄마! 아직도 일해?"라고 말을 건네더니 "밤새지 말란 말이야." 하는 것이다. 매일 새로운 유행어가 쏟아지는 요즘이지만 다행히도 내가 아는 표현이었다. "그럼 누가 대신 일해주냔 말이야."라고 내가 말을 받았다. 패러디를 한 셈이었지만 아이는 재미있어했다.

다음 날 아침식사 시간에 아이는 뭐가 기분이 좋았던지 싱글벙글하였다. 아이가 명랑한 날은 우리 부부도 덩달아 들뜨기 때문에 내가 제안을 했다. "오늘 저녁에는 학원을 안 가도 돼. 다 같이 극장에 가서 영화를 보도록 하자."라고 말한 것이다.

아이가 신이 나서 벌떡 일어나더니 개다리 춤을 추며 손으로 이마를 때렸다. "얘, 그건 보기 흉한데? 뭐 하는 거니?" 그러자 "엄마는 이것도 몰라? 마빡이 춤이잖아. 다른 애들도 다 이러고 놀아."라고 대꾸했다. 허벅지를 먼저 때리고 연달아 이마를 때리는 손동작을 하면서 양쪽 다리는 계속해서 흔들어대고 있었다. 모양새가 좋진 않았으나 덕분에 우리 식구들은 한참을 웃다가 하루를 시작했다.

대화 안에 유머가 끼어들면 진지함은 반감될지 모른다. 하지만 우리가 사는 일은 진지함 만으로는 한계가 있다. 실수하지 않으려고 이리재고 저리재며 말하다 보면 분위기는 사뭇 심각해지기만 할 것이다. 적당한 유머가 대화를 유쾌하게 만들고, 같이 있는 사람을 기분 좋게 할 수 있다면 꺼릴 이유가 없지 않은가 싶다. 아이들이 좋아하는 유머와 농담을 섞어가며 대화의 분위기를 상승시켜라. 모두가 즐거워지는 지름길이 된다.

✿ 농담 속에 숨은 의미

유태인의 자녀 교육법은 오랫동안 교육학의 모델이 되어왔다. 그들은 자녀가 아주 어릴 때는 마음껏 만지고 물고 빨고 하며 감각을 발달시키도록 내버려둔다고 한다. 그러다 감각이 어느 정도 발달된 시점에서 교육을 시작하는데 이 방식이 재미있다. 숫자로 블록을 쌓거나 퍼즐을 맞추며 수리능력과 관찰력을 길러주고, 수수께끼와 퀴즈를 통해 창의성을 개발한다. 아이가 자기 생각을 표현하는 나이가 되면 가족 간에 토의와 토론을 벌여 논리력을 키워주는 것이다. 그래서 유태인 아이들은 놀이를 하는 동안에 공부하는 습관을 저절로 기르게 된다고 한다. 토의 주제는 그때 그때 달라지겠지만 아이의 논리를 무시해버리는 우리나라 부모들이 배워야 할 점이 이것이다.

본격적으로 학습을 시킬 때에는 사탕이나 초콜릿을 가져다 아이에게 먹이곤 이렇게 말한다. "달콤하고 맛있지? 너희들이 이제부터 하려는 공부도 이와 같단다. 달콤하고 맛있는 것, 그것이 공부란다." 우리가 읽었던 『탈무드』의 교훈적인 일화들은 이러한 그들의 교육관에 바탕을 두고 있다.

아동심리학을 전공한 내 후배의 자녀교육법이다. 그 후배는 각각 6살, 5살인 연년생 남매를 두었는데 아이들을 다루는 방법에서는 나보다 한발 앞서 있었다. 실수나 잘못을 야단치지 않고도 바로잡아주고, 부모가 원하는 것을 아이가 자발적으로 하게끔 만들었다.

"우리 아들이 어제는 똘똘이 스머프였는데 오늘 보니 투덜이 스머프잖아? 누가 우리 아들을 심술나게 만든 거지? 귀여운 스머페트인가? 아니면 저기 있는 아즈라엘이야?"

그날따라 골이 나 얼굴이 잔뜩 부어 있는 아들에게 하는 말이었다. 어제는 똘똘이, 오늘은 투덜이라는 말도 재미있지만 딸은 스머페트로, 키우는 고양이는 아즈라엘로 불러주는 것이다. 아들은 좀 전까지 화났었다는 사실을 잊고 "그럼 아빠는 가가멜이야?"라고 묻는다. 물론 아이들이 사전에 '개구쟁이 스머프'라는 애니메이션을 봤어야만 통하는 이야기다.

유치원에 갈 생각을 않는 아이를 달랠 때는 또 다른 방법을 쓴다. 유치원 가방에 아이가 좋아하는 간식이나 장난감을 꽂아놓고는 "이 가방은 오늘 누가 쓸 거지?"라고 묻는 것이다. 아이들은 간식과 장난감이 탐나 서로 그 가방을 차지하려 든다. 가끔씩은 가방을 들려주면서 "일찍 돌아와서 엄마를 도와줄래? 오늘 저녁에는 돈가스 파티를 할 거야."라고 말해준다고 한다. 돈가스 파티 때문에 일찍 와서 엄마를 도와야 하고, 그러려면 빨리 유치원에 가야 한다는 설명이다.

후배가 아이들을 키우는 방식은 새삼 나의 부족함을 느끼게 만든다. 같은 말도 표현하기에 따라 상대의 기분을 좋게 만들기도 하고, 기분 상하게 만들기도 하기 때문이다. 현명한 부모가 되는 길은 얼마나 어려운가. 한번 웃고 지나갈 농담마저도 교육적으로 활용해야 한다니 참으로 만만치 않은 일이다.

✿ 유머로 만드는 친구

몇몇 결혼정보회사의 통계 자료에 따르면 결혼상대로 가장 인기가 높은 연예인의 직업은 코미디언이라고 한다. 게다가 남자 코미디언이 결혼하는 상대는 하나같이 빼어난 외모의 여성이 대부분이었다. 결혼정보회사는 그 이유로 코미디언이 '재미있고 성격이 좋다.'는 점을 꼽았다.

우리는 재미있는 사람에게 끌린다. 학창 시절에 인기 있었던 친구는 남들보다 좋은 성적을 내는 친구가 아니라 재미있는 농담을 잘하는 친구였다. 직장이나 사회에서도 과묵하고 무게 잡는 사람보다는 가벼운 유머로 분위기를 유연하게 이끄는 사람들이 인기가 많다. 진지한 회의실에서 농담이나 하려는 사람은 업무 능력을 의심받지만, 때를 가려 유머를 활용하는 사람 주변에는 항상 사람들이 모인다.

"너희 반에서는 누가 제일 인기가 많니?"
나는 궁금증을 참지 못해 학교에서 돌아온 아이에게 물어보았다.
"이무진. 그건 왜 물어?"
"걔가 왜 인기가 많아? 잘 생겼어? 아니면 공부를 잘해?"
"그냥 뭐. 축구도 잘하고 키도 크고 재미있으니까. 연예인 흉내도 잘 내."
"반장은? 공부 잘 하는 애는 인기가 없어?"
"엄마도 참. 공부만 잘하면 뭘 해. 재미가 없는데."

내가 궁금했던 내용은 그것이었다. 요즘 아이들도 공부 잘하는 친구를 부러워하기는 해도 가까이 친해지고 싶은 아이는 재미있는 친구다. 나는 이것이 재미있는 아이들이 가진 유연성 때문이라고 생각한다. 농담을 잘하는 아이들은 그 농담을 어떤 상황에 써야 하는지 알기에 상대방을 즐겁게 만들어줄 수 있다. 무조건 유행어들을 남발해서야 재미는커녕 바보처럼만 보일 것이다.

우리 아이가 밖에 나가 인기 있기를 원한다면 유머를 '제대로' 쓰도록 지도하자. 언제 어떻게 써야 효과적인지는 집안에서부터 연습할 수 있다.

대화의 단절, 이렇게 풀어라

내가 친구와 밤늦게까지 전화로 수다를 떨다가 "자세한 얘기는 나중에 만나서 하자."라며 끊으면 남편은 피식 웃는다. 자주 만나고 통화를 길게 하고도 '자세한 얘기'가 아직 남았느냐며 말이다. 그게 그렇게 되나, 고개를 갸우뚱하다가 재미있는 결론에 도달했다. 자주 만나는 친구는 서로에 대해 많은 정보를 공유하기 때문에 끝없이 대화를 이어갈 수 있다는 사실이다. 오히려 오랜만에 만나 할 말이 많으리라 짐작했던 친구와는 한 시간을 견디기 힘들다. 보지 않은 기간 동안의 경험을 알지 못하니 대화가 겉돌고 깊이가 얕아지는 것이다.

평소에는 연락을 하지 않다가 명절에나 모이는 형제지간에 할 말이 별로 없는 이유도 이 때문이다. 친척과 형제들에게 전화를 종종 해야겠다고 생각하면서도, 다음 명절이 되면 또다시 바늘방석에 앉은 것처럼 불편해지고 만다.

아이와의 관계도 그렇다. 꾸준히 대화하는 관계를 지속하는 게 가장 중요하다. 서로가 바쁘거나 직장, 학교 등의 이유로 공백이 생긴 뒤에는 관계를 회복하기가 어렵다. 아무 때고 전화를 걸 수 있는 친구처럼 아이와 가까이 지내야 할 얘기가 바닥나지 않는다.

하지만 이론과 현실은 다른 법이라 알고 있어도 지키기는 쉽지 않다. 한동안 바쁘다는 핑계로 대화를 미루다보면 아이들은 어느새 성큼 자라 있다. 불과 얼마 전까지만 해도 만화책에 열광하던 아이가 "그런 시시한 건 이제 안 봐. 엄마는 내가 어린애인 줄 알아?"라고 대꾸해오면 할 말이 없다. 어쩔 수 없이 대화가 단절된 순간, 부모는 끊어진 부분을 이어붙이는 지혜를 발휘해야 한다.

✿ 몸짓언어의 매력

아이가 태어나 말을 배우기까지는 최소한 2년 이상이 걸린다. 갓난아기는 울고 웃는 게 전부인데도 신기하게 엄마와 커뮤니케이션을 한다. 모르는 사람이 보기에 아기는 그냥 울고 있을 뿐인데 "아, 배가 고픈 게로구나, 기저귀가 축축해서 그래? 졸리구나."라고 엄마가 용케 알아채는 것을 보면 놀랍기만 하다. 아기를 키우다보면 매순간이 기적 같은 경험이다. 똑바로 누워 천정만 보던 아이가 뒤집기를 하고 배밀이를 하다가 기기 시작한다. 그리고 어느 날 갑자기 책상다리를 붙들고 일어서 걸음마를 하고 있다. 이 과정에서 아이가 내는 소리는 아주 원초적인 소음에 불과하지만 부모는 아이가 원하는 바를 알아듣는다.

말하지 않고도 의사표현 하는 예는 많이 있다. 외국 여행을 다녀온 사람이 한결같이 하는 말은 "그 나라 말을 몰라도 손짓 발짓으로 다 통하더라."는 것이다. 나 역시 길에서 만난 외국인이 길을 물어볼 때 손가락으로 방향을 알려주거나 약도를 그려준 적이 있다. 바디 랭귀지, 즉 몸짓 언어는 말을 대신하는 표현인 동시에 말을 넘어서는 도구가 되기도 한다.

아이는 TV 프로그램에서 배운 몸짓을 종종 따라한다. 양손의 엄지와 검지끼리 맞닿게 하거나 양팔을 머리 위로 올려 정수리에 손을 갖다 대어 하트 모양을 만든다. 저도 이제 자랐다고 "사랑해, 엄마."라고 말하는 게 가끔은 쑥스러운 모양이다. 아이가 몸짓으로 말하는 사랑은 제법 창의적이고 귀엽기까지 하다. 그래서 나와 남편도 그 동작을 배워 아이와 대화하는 도구로 사용한다.

아이와 멀어졌다고 생각되면 몸짓언어를 사용해 마음을 전달해보자. 어떤 말을 꺼낼지 고민만 하다가는 대화를 시작하기가 점점 어려워진다. 무리해서 단어를 찾아내려는 사람도 힘들고, 듣는 사람도 불편한 상황을 만들기가 십상이다.

공부하는 아이의 등 뒤로 다가가 가만히 어깨를 안아주는 것도 좋다. 처음에는 어깨를 빼려던 아이도 따뜻한 체온이 전달되는 순간에 평온함을 얻는다. 함께 TV를 볼 일이 생기면 모른척하고 옆에 앉아 손을 잡거나, 머리를 쓰다듬는 등 부드러운 접촉을 시도하라. 아이들이 즐겨 쓰는 몸짓언어를 안다면 그대로 흉내내는 것도 도움이 된다. 생전 안하던 행동이라고 어색해할지 모르지만 반복적인 몸짓에는 진심이 담겨 있다.

✹ 소통의 도구를 다양화하라

학창 시절의 나는 편지쓰기를 좋아해서 거의 매일 편지를 쓰곤 했다. 대개는 친한 친구에게 보냈지만 펜팔친구, 군인에게 쓰는 경우도 있었다. 어쨌거나 편지 쓸 대상이 없어 고민했던 적은 없었던 것 같다. 짧게는 메모하듯 몇 줄로 적었고, 길게는 십여 장에 달하는 장문의 편지를 써서 보내기도 했다. 나뿐 아니라 그때는 그게 유행처럼 번져 있었다. 수업시간에 몰래 편지 쓰는 친구들도 드물지 않았다. 지금에 와서 생각해보니 편지쓰기란 당시에 가능했던 소통수단의 전부였던 것 같다.

나와 열 살 이상 나이 차가 나는 사촌언니는 아날로그로 살기를 자청해왔다. 그래서 인터넷은커녕 컴퓨터를 사용한 적도 없고, 휴대폰도 전화를 걸고 받는 용도로만 사용한다. 휴대폰의 전화번호 저장함을 사용하지 않아 여전히 수첩을 들고 다니는 걸 보면 웃음이 나기도 한다. "왜 그렇게 고집을 부려? 애들한테 물어보면 금세 배울 건데. 언니가 노인네요?"라고 내가 핀잔을 주면 "그런 거 안 배워도 지금껏 잘 살았어. 아는 게 많으면 사는 게 골치 아파져."라고 대답하는 사람이었다.

지난달에 모처럼 점심을 먹으러 갔더니 휴대폰이 여러 번 울리는 것이다. "왜 이렇게 소리가 나? 배터리 없어?"라며 열었더니 확인하지 않은 문자가 50개도 넘었다. 밥상 차린다고 부산떠는 언니를 부르기가 뭣해 내가 확인해보기로 했다. 절반은 광고 문자였고 절반은 조카 녀석이 제 엄마에게 보낸 문자였다. "엄마가 언젠가는 이걸 볼까요?"로 시작되는 내용이었다.

나는 처음에 조카 녀석이 제 엄마를 놀리고 있는 것 같아 괘씸했다. 그러나 다음 순간에는 언니의 무심함이 지나치다는 데 생각이 미쳤다. 언니는 원래 무덤덤한 사람이고 평범함을 미덕으로 아는 사람이라 새로 뭔가 배우는 것을 귀찮아했다. 조카가 제 엄마에게 먼저 손을 내밀었어도 언니가 마주 잡을 준비가 되지 않았다면 소용없는 짓이다. 나는 당장에라도 언니에게 휴대폰 사용법을 다시 가르쳐주리라 다짐했다.

요즘 아이들은 우리가 자랄 때와 달리 편지를 쓰지 않는다. 편지를 아예 쓰지 않는 것이 아니라 인터넷 블로그나 홈페이지 게시판, 이메일, 쪽지 보내기를 사용한다. 우리 집 아이들이 내 생일에 보내는 축하 카드도 컴퓨터로 작성해서 컬러 프린터로 출력한 것이다. 그도 번거로우면 액션 쪽지라는 멀티메일을 사용한다. 내가 컴퓨터에 접속하면 저절로 열리는 그 카드를 보면 장난질을 하는 것 같다. 내가 일하는 시간에 깨어 있는 아이는 메신저에 접속해 말을 걸기도 한다. "엄마, 배고파. 아직도 일해?"라는 사소한 내용이지만, 그러한 메신저가 있어 우리들 방 사이의 벽은 그다지 두껍지 않다.

내 아이가 좋아하는 소통 도구가 무엇인지 점검해보자. 컴퓨터와 인터넷의 사용, 휴대폰에서 전송하는 문자메시지는 기본이다. 문자를 보내는 손놀림이 하도 빨라 '엄지족'이라 불리던 무리도 수년 전에 나온 말이다. 손가락 두 개를 써서 독수리 타법으로 자판을 두들겨도 답답해하지 말고 시도해야 한다. 컴퓨터에 익숙한 아이들에게 전자계산기도 아닌 주판 세대의 언어로 대화할 수는 없지 않은가.

물론 나도 가끔은 손때 묻은 편지지와 잉크 냄새가 그리워진다. 하지만 세상이 변하고 아이들의 수단이 바뀌면 부모도 그에 맞게 달라져야 대화가 단절되지 않는다.

✿ 교환 일기

아이들 세대의 소통 도구를 사용하라더니 이번에는 난데없이 교환 일기냐고 할지도 모르겠다. 우리가 오래전에 좋아했던 것들 중에 아이가 좋아할 만한 것이기 때문이다. 교환 일기의 매력은 '비밀'과 '공개'가 공존한다는 데 있다. 학급에서, 종교 모임이나 동아리에서 쓰는 교환 일기는 보다 익명성이 보장되며 비밀스런 내용이 많다. 그런데 친한 친구들끼리 쓰는 교환 일기는 친구들끼리 공유하고 싶은 내용을 적는다는 점, 편지나 일기를 쓸 수도 있지만 자신들만의 비밀이라는 점에서 재미가 있다. 나는 연애 시절에 남편과 잠시 교환 일기를 했던 적이 있었는데, 우리끼리만 아는 비밀을 가졌다는 생각에 설레었다.

교환 일기는 내 아이와 대화하는 많은 방법 중의 하나다. 매일 한 번씩은 들러서 일기를 쓰라고 강요할 필요는 없으며, 부모가 오래전에 친구들과 나눴던 경험을 알려주는 정도로 충분하다. 무엇보다 '일기장을 통해서 대화'를 하자는 개념이 아니라 '가족끼리만 아는 놀이'를 하자고 접근하는 편이 좋다.

0000년 00월 00일

첫 번째 일기는 내가 시작하기로 했다. 아이 아빠는 출근했고, 아이는 학교에 갔으니 이제 나는 혼자 남았다. 오랜만에 일기를 쓰니까 학생 시절로 되돌아온 것 같다.

벗어놓은 옷가지를 모아 세탁기를 돌렸다. 아이 아빠는 또다시 양말을 뒤집어놓았다. 그러지 말라고 몇 번이나 말해도 말을 듣지 않는다. 아이의 책상에는 글짓기 공책이 있었는데 어젯밤 늦게까지 하더니 잊어버린 모양이다. 많이 야단을 맞지 않아야 할 텐데 걱정이다. 아이 방을 정리하고, 부엌 청소를 하는 사이 오전이 다 지나갔다.

두 번째 일기는 누가 쓰게 될지 모른다. 하지만 사람들은 남의 일기를 훔쳐보고 싶은 욕망을 누구나 가지고 있다. 남편이나 아이는 제 일기를 쓰기 전에 엄마가 남겨놓은 일기를 읽어보길 주저하지 않을 것이다. 게다가 이것은 가족들끼리 비밀스럽게 하고 있는 놀이가 아닌가. '가족끼리 무슨 교환 일기를 쓰자고 그래, 촌스럽게.' 라고 생각했던 아이라도 달라질 것이다.

엄마의 일기에는 가족이 모두 나간 뒤의 오전 일과가 고스란히 담겨 있다. 아이는 자신이 떠난 방에서 엄마가 무얼 하는지 시간을 되짚어가며 그려낸다. 글짓기 공책을 빼먹고 나간 아이를 걱정하고, 양말을 뒤집어놓은 아빠를 떠올린다. 아이들의 얼굴에 미소가 떠오를 것이다. 가능하면 부모가 먼저 시작하고, 아이로부터 원하는 만큼 아낌없이 기록하도록 한다. 막힌 대화를 풀어나가는 방법은 우리가 짐작하는 것보다 훨씬 다양하다.

아이의 눈높이에 맞춰라

언젠가 한 여류작가의 수필집을 보다가 흥미로운 내용을 발견하고 고개를 끄덕였던 경험이 있다. 그 작가는 친구들보다 키가 클 뿐 아니라 남편보다도 큰 키를 가졌다. 요즘 세상이라면 여자든 남자든 키 큰 사람들을 선호하지만, 당시는 여자 키가 너무 크면 여러모로 불편했던 시절이었다. 입사를 하기도 쉽지 않고 선을 볼 때도 남자들이 꺼렸기 때문이다. 그래서 작가는 한 번도 굽이 높은 구두를 신어본 적이 없다고 했다. 웨딩드레스 안에도 굽 없는 샌들을 신어야만 했다니, 여자가 누릴 수 있는 특권을 포기했다고 할 만하다.

그런 그녀가 어느 날 용기를 내어 평소보다 1센티미터 높은 구두를 장만했다. 직장도, 결혼도 이미 한 상태였기 때문에 꼭 한 번은 해보고 싶었던 일을 시도한 것이다. 수필의 핵심은 바로 그 구두를 신고 걸었을 때의 느낌을 묘사한 구절이었다. 1센티미터 높은 곳에서 내려다 본 세상은 이전까지 경험했던 세상과는 달랐다. 고작 1센티미터로 얼마나 달라지겠느냐 생각되지만 모든 생명은 1센티미터보다 작은 크기에서 시작된다. 왜 더 일찍 굽이 높은 구두를 신지 않았던지 아쉬워하는 작가의 글에서 나도 새로운 세상을 발견했다.

물리적인 높이가 심리적인 높이에 비례하지는 않을 것이다. 그러나 아파트 1층과 10층, 20층에서 내려다본 세상은 분명 크기가 다르다. 막 세상에 나온 갓난아기의 눈에는 엄마 얼굴이 세상의 전부일 수 있고, 고작 2미터의 병실 천정이 아득하게 높을 수도 있다.

그녀가 경험한 세상은 키가 크지 않아 높은 굽에 익숙했던 내가 맨발로 땅을 밟았을 때의 차이만큼이나 클까. 내 아이가 제 발에 맞지도 않는 내 하이힐에 발을 끼워 넣으려는 욕망만큼이나 클지도 모르겠다.

✿ 세상이 다르게 보인다

아이의 눈높이에 맞추면 세상이 다르게 보인다. 아이와 대화할 때 키를 낮추면 아이의 눈에 무엇이 보이는지 알 수 있으며, 아이의 마음으로 돌아가 사방을 둘러보면 모든 것이 평소와 달라진다. 아이의 눈은 빨간색을 파란색으로 바꿀 수 있는 마법을 지녔다. 따라서 아이와 친해지기를 원하면 먼저 아이의 눈높이에 맞추라고 강조한다.

벚꽃 축제나 놀이공원을 가면서 부모는 '아이들을 생각해서 가는 것' 이라 말한다. 정말 그렇다면 부모는 아이에게 걷는 속도를 맞춰야 한다. 아이와 함께 걷는 게 아니라 아이를 기준으로 삼아 걸어야 하는 것이다. 그런데 많은 부모가 아이의 손을 잡고는 자신들의 속도대로 걸어가니, 아이는 흡사 끌려다니는 모양새가 된다. 키가 작아 보폭도, 속도도 못 미치는 아이는 부모를 따라가는 것만으로도 바쁘다. 그런 상황에서 주변의 경치가 눈에 들어올 리 없다.

용인에 튤립 축제가 열렸을 때 지온이네는 가족 나들이를 나갔다. 아이가 태어나면서부터 가족 외출이 뜸했던 만큼 참으로 오랜만의 봄나들이였다. 지온이 부모는 아이에게 갖가지 꽃들을 구경시켜주고 어린이 열차를 태우기도 하면서 즐거운 한나절을 보냈다. 데이트를 하는 기분이 되어 즐겁기는 지온이 부모도 마찬가지였다.

그런데 점심을 먹은 뒤 꽃밭에 들어갔던 지온이가 울상이 되었다. "더러워, 더러워."라며 금세라도 울음을 터뜨릴 듯한 지온이를 보고 아빠는 꽃밭을 둘러보았다. 아이의 발에 밟힌 꽃가지가 흙더미에 흐

트러진 채였다. 아빠는 "꽃은 원래 흙에서 자라는 거야. 흙이 집인데 더럽다고 하면 안 돼."라고 말했다. 그러자 아이는 "무섭단 말이야. 싫어."라고 말하는 것이다. 지온이 아빠는 아이에게 자연의 아름다움을 느끼도록 해주고 싶었다. "꽃은 예쁘다고 말해야지. 무섭고 더러운 게 아니라. 우리 지온이가 아직은 어려서 잘 모르겠지만, 나비도 꽃이 예뻐서 날아오는 거잖아."라고 말해주었다. 하지만 아이의 굳은 표정은 풀어지지 않았다.

그때 지온이가 있었던 꽃밭으로 한 아이가 들어갔다가 깜짝 놀라서 뛰쳐나왔다. "엄마! 여기 쥐가 죽어 있어. 벌레가 잔뜩 있어. 징그러워!"라고 그 아이가 외치는 소리에 지온이 아빠는 다시 꽃밭을 들여다보았다. 아까까지 눈에 띄지 않았던 쥐의 썩어가는 사체에 개미떼가 우글대고 있었다.

눈높이를 낮추는 일은 어른들이 생각하듯 '수준이나 기준을 낮추는' 일이 아니다. 아이의 눈높이에서는 무엇이 보이는지, 어떤 일이 벌어지면 아이의 마음은 어떤지를 헤아리는 일이다. 아이에 대한 오해는 아이의 시각을 알지 못하는 데서 발생한다. 또한 이런 오해가 계속 늘면 부모와의 사이에 벽을 쌓는 아이가 되는 것이다.

❀ 아이들의 경험, 아이들의 언어

부모는 아이와 대화하기를 원하지만 아이는 점차 부모와 대화하기를 꺼린다. 말이 통하지 않는다는 생각 때문이다. 유행어나 신조어 따위를 몰라서가 아니다. 요즘 아이들은 우리가 자랄 때와는 다른 환경에 있기 때문에 문화와 경험이 다르기 때문이다. 아이들과 말이 통하는 부모가 되기 위해서는 아이들의 경험, 아이들의 언어를 아는 게 우선이다. 그래야 서로 딴 세상에서 이야기하는 상황을 피할 수 있다.

내가 사는 동네에는 목요일마다 장이 섰다. 나는 혼자 점심 먹기 귀찮거나, 장을 보러 갔다가 군것질 생각이 나면 떡볶이나 순대 따위를 사먹는 일이 잦았다. 지난주에도 야채를 사러 나갔다가 포장마차를 지나치지 못하고 떡볶이와 어묵을 주문해놓고 서 있었는데 할머니 한 분이 어린애를 유모차에 태우고 나오셨다. 손자를 매우 아끼는 모습이 역력했던 할머니는 간식이라도 사주실 모양이었다.

문제는 아이가 먹으려는 것과 할머니가 사주려는 것 사이의 간극이었다. 보통의 꼬마들에게 그렇듯 할머니는 어묵을 주문했다가 아이가 도리질을 하자 환불을 했다. "그럼 뭐?"라고 물었으나 아이의 대답은 "고기!"라는 단호한 한마디였다. "대체 무슨 고기를 달래?" 하던 할머니가 이번에는 오징어튀김을 건네자 아이는 머리를 마구 흔들어댔다. "순대를 말하는 걸까요?" 앞에서 순대를 썰던 아줌마가 말하자 할머니 얼굴이 밝아졌다. 순대 한 쪽을 집어 아이에게 내밀고 거절당하고, 염통이나 간 따위를 집어줬다가 또 거부당하기를 몇 번이나 했는지 모르겠다. 아이는 발을 버둥거리면서 짜증을 내고 할머니는 안절부절 못했다. 어묵꼬치 앞에 내내 서 있었던 나도 여간 답답한 것이 아니었다.

그때 한 학생이 와서 닭 꼬치를 주문했다. 닭 꼬치는 분식 코너와 좀 떨어진 자리에서 팔고 있었다. "설마! 저거를 말하는 건가?" 다들 눈이 동그래졌다. 왜 아무도 그 생각을 못했던 걸까. 아이가 원한 건 닭 꼬치였다.

무턱대고 "고기!"만 외쳐대는 아이의 경험을 모르는 할머니의 이야기다. 할머니는 오징어도, 어묵도, 순대나 염통, 간 따위도 모두 고기라고 생각했다. 그래서 종류별로 아이에게 권했으나 아이가 원하는 게 '닭 꼬치'라는 걸 얼른 떠올리지 못했다. 이유식을 시작하면서 제일 처음 어린아이가 먹는 고기는 닭가슴살과 기름기 없는 쇠고기다. 그래서 다른 종류의 고기들, 즉 튀김이나 순대, 소시지처럼 가공된 것은 먹어본 경험이 별로 없을 것이다.

이는 단편적인 예이지만 부모가 아이들과 소통하기 위해서는 아이의 세상을 들여다볼 줄 알아야 한다. 어떤 경험을 하고 어떤 언어를 사용하는지, 몸짓언어는 무슨 의미인지를 제대로 알고 있을 때 부모와 자녀는 한걸음 더 가까워질 수 있다.

✸ 부모도 처음에는 아이였다

개구리가 올챙이 적 생각 못한다는 속담이 있다. 성공한 사람이 자만할 때, 어려운 시절을 고생하며 보냈던 기억을 잊어버린다는 데 주로 사용하는 표현이다. 성인이 된 뒤에 마치 자신은 처음부터 성인이었던 것처럼 행동하는 것도 이에 속한다. 부모들이 간과하는 사실 중의 하나가 바로 이것이다. 부모들도 처음부터 어른으로 태어나지는 않았다. 부모에게도 어머니의 태내에서 발길질을 했던 날이 있으며 첫걸음을 떼어 자신의 부모를 감동시켰던 날이 있었다. 부모가 되면 우리들 부모의 마음을 이해하게 되는 반면 아이였던 우리의 지난날은 잊게 되는 모양이다.

나는 우리 아이들의 행동을 재빠르게 이해하는 편은 못 된다. 어른이 된 지금의 내 기준으로 파악하면 아이의 행동이 이상하기만 할 때도 많다. 그래서 '내가 저 나이 때는 무슨 행동을 했었지? 그렇게 행동했던 건 뭐 때문이었지? 그때 우리 부모님은 뭐라고 하셨더라?' 라고 자문해보기를 좋아한다. 어렸을 때의 기억은 많이 희미해졌어도, 내가 아이였을 때도 그랬을 거라 생각하면 내 아이를 이해하기가 훨씬 쉬워지기 때문이다.

"아이가 밥을 먹지를 않아. 어디가 아픈 것도 아니라는데."

집에 놀러왔던 친구가 밥을 거르는 아이를 걱정하며 내게 말했다.

"왜 그런지 물어봤어? 물어보는 게 제일 빠른데."

"물어봤지. 그냥 먹기 싫대. 밥이 안 넘어간다고 해. 더위를 먹었나?"

"그냥 먹기 싫은 게 어디 있어? 요즘 애들이 얼마나 영리한데, 바라는 게 있는 거야."

나는 친구와 대화를 이어가다가 문득 아이의 입장이 되어야 한다는 데 생각이 미쳤다.

"넌 예전에 그런 적 없니? 난 어머니가 매일 똑같은 도시락 반찬을 싸주는 게 어린 마음에 화가 나서 굶은 적이 있어. 며칠 동안 도시락을 먹지 않고 고스란히 집에 가져갔더니 반찬이 달라지더라고."

집이 어렵다는 사실을 알 리 없는 나는, 도시락을 먹지 않음으로써 어머니께 시위를 한 셈이었다. 사실 학교에서는 친구들 도시락을 같이 먹었으니 굶은 게 아니지만 어머니를 걱정시킨 줄도 몰랐다. 반찬이 바뀌었을 때 기쁨은 말할 수 없이 컸다.

"그래, 나도 그런 일이 있었지. 오빠와 동생만 챙기고 중간에 낀 나는 찬밥이 된 것 같았거든. 학교 갔다 오면 오빠니까 상 차려줘라, 동생이니까 차려줘라 해서 나만 부려먹었거든. 그게 싫어서 오빠와 동생만 차려주고 나는 굶어버렸어. 그러면 우리 애는……."

아이와 눈높이를 맞추는 방법은 한 가지가 아니다. 무릎을 꿇어 키를 맞출 수도 있고, 과거로 돌아가 내 어린 시절과 조우할 수도 있다. '요즘이야 세상이 좋아져서 다들 편한데, 어떻게 우리 자랄 때와 비교해?'라는 선입견으로는 아이를 계속 이해할 수 없다. 편리해진 세상에서 아이들이 겪는 불편을 우리 또한 겪어보지 않았기는 마찬가지다. 우리가 아이였을 때 바랐던 게 있다면 우리 아이들도 다르지 않다. 아이였던 우리는 어떤 부모를 원했는지 생각해보자. 우리가 그 부모가 되어줄 차례다.

아이에게 먼저 인사하라

나는 이따금 버스나 지하철에서 눈살을 찌푸리게 하는 광경을 목격하곤 한다. 노약자석에 버젓이 앉아 있는 학생들이 정작 노인들에게 자리를 양보하지 않는 것도 문제긴 하다. 하지만 굳이 그렇게까지 안 해도 될 텐데 싶은 행동을 하는 노인들도 분명 있었다. 잠든 학생의 머리를 지팡이로 때리거나 다리를 걸어차기도 하고 "어린놈이 남의 자리를 꿰차고 앉아 자는 척 하네."라는 폭언을 하는 것이다. 이런 상황에서는 자다 깬 학생이 벌떡 일어났다고 해도 이미 서로의 감정이 상해 버린 뒤다.

어른들이 아이들에게 존경받지 못하는 이유 중의 하나는 존경받고자 하는 강박관념 때문이라고 생각한다. 아이들은 아무리 어려도 존경해야 할 사람이 누구인지 알고, 마땅히 존경받을 만한 사람을 존경한다. 나이가 많다고 무조건 대우를 받으려 하면 요즘 아이들은 그냥 넘어가지 않는다. "나이가 많다고 어른이에요? 나이 값을 해야 어른이지."라는 엄청난 비판이 여지없이 쏟아진다. 그리고 일정 부분에서는 그런 말에 공감할 때도 있다.

상대에게 대우받고 싶다면 내가 상대를 대우하는 게 우선이다. 나이나 성별, 학력과 지위를 막론하고 통하는 진리가 있다면 이것이다. 길에서 만난 어린아이에게 "정말 예쁘네요. 나이가 몇 살이에요?"라고 물으면 "다섯 살이요."라는 답변이 돌아오지만, "너 몇 살이니?"라고 물으면 "다섯 살." 이라고 하거나 아예 대답을 안 해버린다. 그래서 나는 어린아이들을 처음 만나서도 반말을 안 하려고 노력한다.

부모가 아이에게 먼저 말을 건네고 인사하는 것은 자존심 상하는 일이 아니다. 내 자녀에게 그 정도의 수고도 할 준비가 안 되어 있는가. 내가 베푸는 만큼, 아니 그 이상으로 되돌아온다는 걸 믿어야 한다.

✺ 아침인사와 저녁인사

과거의 문안인사는 자녀가 부모에게 하는 게 당연한 일이어서, 아이들은 밤새 평안하셨는지를 부모에게 묻는 아침인사로 하루 일과를 시작했다. 하지만 요즘은 부모의 잠자리를 살펴드린 뒤에야 잠들고 먼저 일어나서 식전인사를 하는 풍경은 찾아볼 수 없다. 일찍 출근하는 아버지가 나간 뒤에나 일어나는 아이들도 드물지 않다. 세상이 달라졌는데 이런 아이들을 버릇없다고 말할 수는 없는 노릇이다.

아이에게 먼저 인사하는 일은 어렵지 않다. 잠에서 깨어난 아이가 화장실에 가느라 방을 나오거든 "밤새 잘 잤느냐? 나쁜 꿈은 꾸지 않았고?"라고 인사를 건네보는 것이다. 어쩌다 한번 하고 마는 것이 아니라 매일 아침 그렇게 해야 한다. 아이들은 "네, 잘 잤어요." "응, 잘 잤어." 정도로 대답하겠지만 곧 "엄마도 잘 잤어요?" "네, 아빠는요?"라고 되묻는다. 만일 부모의 인사를 받기만 하고 되묻지 않는다면 "엄마는 잘 잤느냐고 안 물어볼 거야? 아빠에게도 인사를 하면 좋을 텐데."라고 알려주면 된다. 그런 말을 듣고도 인사하기 싫다고 대답하는 아이는 없다. 이렇게 하면 가족들끼리 아침인사 하는 습관이 길러진다.

저녁에도 똑같이 한다. "TV 그만 보고 자러 가야지. 잘 시간이니 컴퓨터는 이제 꺼라."고 시키는 것으로 인사가 끝나서는 안 된다. 잘 준비를 마친 아이가 침대에 들거든 꼭 한 번은 들여다보는 게 좋다. "잘 자라, 좋은 꿈 꿔라, 내일 아침에 보자." 등 어떤 형태의 인사라도 괜찮다. "엄마도 잘 자, 아빠도 안녕히 주무세요."와 같은 답변이 나오도록 유도하고, 습관이 되도록 하자.

우리 가족은 아이가 어릴 때부터 인사를 하기 시작해 습관을 들였더니, 지금은 수시로 인사를 한다. 학교에 갈 때나 집에 돌아왔을 때, 또는 내가 일하는 중간에도 방에 들어와서 인사를 하는 아이가 고맙다. "엄마, 일 잘 돼요? 많이 바빠요?" "아빠, 안녕!" 등 사소하게 시작한 인사습관은 가족끼리 대화를 시작하는 데도 도움이 된다.

✿ 고맙다는 말

세상에서 가장 아름다운 말 중에 하나가 고맙다는 말이다. 따지고 보면 어느 것 하나 고맙지 않은 게 없다. 식사를 거르지 않도록 챙겨주는 아내에게 고맙고, 가족을 위해 일해 주는 남편에게 고맙고, 건강하게 자라주는 아이에게 고맙다. 이혼이나 편부모, 입양도 낯설지 않은 시대에 화목한 가정을 꾸릴 수 있어 고맙고 앞으로도 함께 할 거라는 믿음을 주는 가족들에게 고맙다. 그런데 우리는 고맙다는 말을 하는 데 참 인색하다.

나는 부모님께 받은 것이 참 많았다. 넉넉한 형편은 아니었지만 밥을 굶었던 기억이 없고, 학교를 계속 다니지 못했던 친구들이 있었는데도 나는 그런 상황에 놓이지 않았다. 부모님으로부터 물려받은 신체는 건강했고 얼굴도 그다지 못생긴 축에 들지 않았다. 그러니 매순간 고마움을 표현하며 살았어야 했다고 지금은 생각하지만 그때는 그러지를 못했다.

내가 기껏 고마움을 표현했던 기억은 일 년에 두어 차례, 어버이날과 부모님의 생신 때뿐이었다. 그날만큼은 반드시 편지나 카드를 적어 보여드리곤 했는데 "낳아주시고 길러주셔서 감사합니다."라는 한 줄을 달랑 적어놓고서 다음에 이을 말을 찾지 못했던 기억이난다.

왜 그때 "제가 건강한 것은 부모님 덕분입니다. 건강한 몸과 마음을 주셔서 감사합니다. 그리고 건강하게 제 곁에 있어 주셔서 감사합니다."라고 말하지 못했을까. 지나고 나니 표현하지 못한 고마움이 아쉬울 때가 한두 번이 아니다.

부모님께 하지 못했던 표현을 요즘 나는 아이에게 하고 있다. "친구들과 사이좋게 지내서 고맙다, 네가 있어 든든하니 고맙다, 말썽 안 부리고 건강하게 자라줘서 고맙다."라는 이야기를 하면 아이는 생뚱맞다는 표정이다. 눈을 동그랗게 뜨고는 "왜 그래, 엄마? 내가 뭐 잘못했어?"라고 물어오기도 한다.

하지만 아이들도 머지않아 알게 될 거라 믿는다. 함께 있을 수 있어서, 곁에 있다는 이유만으로도 감사할 거리가 된다는 것을 말이다. 그날에는 아마도 내게 고맙다고 할 것이다. "엄마, 아빠가 내 곁에 있어 고마워요."라고 말이다.

✹ 미안하다는 말

어른은 실수를 저지르고도 어른이니까 이래야 한다는 편견 때문에 사과를 하지 못하는 경우가 있다. 고맙다는 말이 아름다운 것처럼 미안하다는 말도 정겹고 자연스럽다는 생각을 하지 못한다. 그러면서도 아이의 실수는 꼬집어서 혼내고 반성하기를 바란다. 어른은 하지 못하면서 아이에게 사과를 요구하는 건 불공평한 처사다.

윤서는 제 엄마가 약속을 잘 지키지 않는다고 말한다. 매일 30분씩 동화책을 읽어주기로 약속했는데 일주일이나 그냥 넘겨버렸다는 것이다. 윤서 엄마는 직장 생활을 하기 때문에 항상 시간에 쫓겼다. 한주에 두 번 정도 야근이 있었고, 일찍 들어온 날에는 집안일을 하느라 피곤했다. 윤서에게 책을 읽어주는 일도 중요하지만, 윤서가 더 자랄 때를 대비해 준비할 것이 많았노라고 말했다. 그래서 윤서 엄마는 미안한 마음이 있음에도 직접 윤서에게 사과한 적은 없었다. 윤서는 점점 제 엄마가 거짓말쟁이라고 믿게 되었다.

부모가 사과를 하지 않는 데는 몇 가지 이유가 있다. 아이에게 미안하다는 말을 하기가 부끄럽거나 자존심이 상해서, 또는 사과할 정도의 일이 아니라고 가볍게 생각하기 때문이다. 아이에게 완벽한 부모가 아니라는 인식을 심어주게 되거나 무시당할지 모른다는 걱정 때문이기도 하다. 하지만 아이는 부모가 완벽하지 않다는 사실을 이미 알고 있다.

사과를 안 하는 부모에게서 아이가 무엇을 배울지를 생각해보라. 잘못을 하고도 미안하다는 말을 굳이 할 필요가 없다고 믿게 된다. 부모가 하지 않으니 나도 할 필요가 없다고 생각하는 것이다. 그래서 약속을 지키지 못했거나 동생을 때려 울렸을 때도 잘못했다고 말하지 않는다. 아이에게만 사과하고 반성하기를 바라는 건 더 큰 문제를 야기한다. 부모는 안 하면서 자기들에게만 시킨다고 생각할 테니, 옳고 그름에 대한 혼란에 빠질 수 있다.

자녀에게 미안하다고 말하기를 주저해서는 안 된다. "동화책을 읽어주겠다는 약속을 못 지켜 미안하구나. 매일 읽어주고 싶은 마음은 변함없지만 요즘 엄마가 너무 바빠서 그래. 내일은 꼭 읽어주도록 노력할게."라고 말해줘야 한다. 아이는 부모가 솔직하게 잘못을 인정하고 사과하는 모습에서 존중받고 있다고 느낀다. 또 누구나 실수할 수 있지만 고치는 게 더 중요하다는 사실도 배운다.

3

부모의 한마디가 아이의 인생을 지배한다

자녀는 부모의 말 한마디에 힘을 얻어

용기백배 하는가 하면 반대로 기운을 잃기도 한다. 이때 중요한 것이 칭찬이다.

작은 일이라도 잘했다는 칭찬을 받으며 자란 아이는 스스로를 자랑스럽게 느끼고

더 잘하려고 노력한다. 우리 아이를 주눅 들고 기죽게 만들고 싶은 부모는 없다.

다만 자신이 하는 말이 자녀에게 얼마나 큰 영향을 주는지 모르기 때문에

말을 함부로 하는 실수를 반복하는 것이다.

지금부터라도 내 아이를 위해 절대 해서는 안 될 말들을 가리는 부모가 되어야 한다.

말은 어떻게 쓰느냐에 따라 약이 되기도 하고 독이 되기도 한다. 살은 쏘고 주워도 말은 하고 못 줍는다, 죽마고우도 말 한마디에 갈라진다 등 우리 속담에는 말을 조심하고 신중하게 하라는 내용이 참 많다. 실제로 생각 없이 뱉은 말이 오해를 불러 오랜 친구를 갈라서게 만들거나, 다른 사람을 상처 입히는 경우도 드물지 않다. 따라서 말은 한번을 하더라도 신중하게 해야만 하는 것이다.

특히 자녀를 둔 부모는 말을 할 때 두 배는 더 신중하라고 조언한다. 어른들은 감정이 상하더라도 회복되는 정도가 빠르며, 듣기 싫은 말은 한 귀로 흘릴 수 있는 여유가 있지만 아이들은 그렇지 못하기 때문이다. 아이는 부모로부터 들은 말을 맹목적으로 믿으려고 든다. 그러므로 부모가 무심코 내뱉은 말은 자녀의 미래와 인생 전체를 지배할 수도 있다.

내가 회사 다닐 무렵 예쁜 여직원 한 명이 들어왔다. 그녀는 업무를 빨리 익혀 나에게도, 회사에도 큰 도움이 되었다. 게다가 그녀는 성격도 싹싹해서 사람들과 잘 어울렸다. 타 부서에서 그녀를 소개시켜 달라는 청탁을 받은 일도 한두 번이 아니었다.

그런데 그녀는 말을 할 때 입을 가리는 이상한 습관이 있었다. 처음에는 수줍음 때문이거나 입 냄새가 날까 염려되어 그런다고 생각했는데, 2년이 넘도록 함께 근무하는 내내 그 습관이 달라지지를 않는 것이다. 어떤 날은 그 정도가 심해 말소리가 들리지 않거나 발음이 이상하기까지 했다. 도저히 궁금함을 참지 못했던 내가 묻자, 몹시 민망한 표정으로 그녀는 "제가 입술이 못생겨서 부끄러워서 그래요."라고 대답했다. 어릴 때 그녀의 어머니가, 다른 데는 다 예쁜데 입술이 못생겼다고 말했다는 것이다. 하지만 실제로 보면 가지런한 치아를 덮은 그녀의 입술은 예쁘기만 했다. 가리려고 하니 더 눈에 띈다고도 말해주고, 예쁘다고도 말해줬지만 소용이 없었다. 그녀의 어머니는 그녀가 지금까지 자신의 입술을 부끄러워한다는 사실을 알고 있을까 궁금해졌다.

신문 지면을 장식한 범죄자들의 기사를 읽으면서 부모의 영향력 있는 한 마디가 아쉬울 때가 있다. 한 번도 잘했다는 칭찬을 받아본 적이 없으며 "넌 아무것도 못해, 넌 나쁜 아이야."라는 말만 들었던 아이가 위험인물로 자란 사례가 많기 때문이다. 만일 부모가 자녀의 가능성을 믿어주고 "넌 잘할 거야, 넌 할 수 있어."라고 격려해줬더라면 다른 모습이 되었을지도 모른다.

> 1. 우리 아이가 듣고 싶어 하는 말
> 2. 다른 사람이 우리 아이에게 해줬으면 하는 말
> 3. 우리 아이가 듣기 싫어하는 말
> 4. 부모가 아이에게 절대로 해서는 안 되는 말
> 5. 부모 사이에서 써야 할 말과 쓰지 말아야 할 말

우리가 자주 하는 말은 따로 있다. 평소에 주로 쓰는 말을 추려서

어느 항목에 해당하는지 구분해보자. 부모로서 자녀에게 해야 할 말과 하지 말아야 할 말, 부부관계에서 해야 할 말과 하지 말아야 할 말을 나누어보면 좋은 말을 쓰는 습관을 더 빨리 만들 수 있다.

말에 대해 책임감 없는 부모가 되지 마라

마트에 장을 보러 갔는데 이것저것 사달라고 조르던 아이가 바닥에 널브러져 몸부림을 친다. 남들 보기에 민망도 하고 당장 아이를 달랠 요령도 없는 부모는 "장을 다 볼 때까지 얌전하게 있어 준다면 네가 사달라던 것들을 다 사주겠다."라고 약속해버린다. 그러면 아이는 목적이 달성되었다는 안도감 때문에 얌전히 쇼핑카트를 따라다닌다. 문제는 쇼핑이 끝난 다음에 벌어진다. 부모가 계산을 끝낼 때까지 초조한 마음으로 기다리던 아이는 아무런 보상도 주어지지 않는다는 사실을 깨닫고 울음을 터뜨린다.

부모의 입장을 이해하기는 쉽다. 떼쓰는 아이를 달래기 위한 임시방편으로 한 말이니 반드시 지킬 필요는 없다는 생각이다. 아이의 난동을 다스려서 무사히 쇼핑을 끝냈으니 아이의 요구를 들어줄 필요가 없다. 이미 마트 밖으로 나왔고 아이는 울다가 제풀에 지칠 것이다.

그러나 아이의 입장은 다르다. 온몸으로 시위를 해서 원하는 목적을 약속받았다. 아이가 부모의 쇼핑이 끝날 때까지 얌전히 기다렸던 것은 타협이었다. 약속된 것을 받기 위해서는 부모의 요구사항을 먼저 들어줘야 했기 때문이다.

아이는 이 일을 계기로 부모와 타협해서는 안 되며, 달콤한 제안을 들었을 때도 경계심을 늦추지 말아야 한다는 것을 깨닫는다. 이 것은 다시 말해 부모에 대한 불신을 배우는 것이다.

✹ 약속을 지키는 습관

부모는 자녀에게 요구사항이 있을 때 약속을 무기로 내세우는 경 우가 많다. 숙제를 다 끝내면 TV를 마음껏 봐도 좋다거나 동생의 기 저귀를 갈아주면 컴퓨터 게임을 하도록 허락하겠다 등 아이가 관심 있어 할 만한 내용으로 약속을 해준다. 아이가 원한다면 손가락을 걸고 도장을 찍고 사인에 복사까지 하는 성의를 보여준다. 그러고 는 일단 부모의 요구사항이 달성되고 나면 언제 그런 말을 했냐는 식으로 돌변해버린다.

내 아이와 나도 이런 일로 갈등을 여러 번 겪었다. 한번은 집안 대 청소를 하는데 아이가 도와주겠다고 나섰다. 조건 없이 도와주면 더 좋았겠지만 그날 아이의 속셈은 놀이공원에 있었다. 용인에 있 는 놀이공원에서 애니메이션 캐릭터로 분장한 사람들이 모여 무슨 축제 같은 걸 여는 모양이었다. 아이는 자신이 관심 있는 정보를 스 스로 찾아내는 재주가 있다.

"엄마! 내가 도와줄게. 뭐부터 하면 돼? 걸레를 빨아다 줄까?"라 며 묻기에 "도와준다니 기특하긴 하다만, 엄마한테 바라는 거 있 지?"라고 응대했다. "역시 우리 엄마는 못 속인다니깐. 다음 일요 일에 놀이동산에 가요. 우리 반 친구들도 간다고 했어."라고 아이가 대답했다. 나는 일요일에 움직이는 것을 좋아하지 않았기에 대뜸

거절했다. "하필이면 일요일이야? 차 막히고 사람들 많을 텐데 왜 사서 고생을 하니? 평일에 한번 시간을 내보도록 할게." 아이는 몇 번 더 조르다 내가 반응이 없자 토라져서는 청소를 돕지 않겠다며 제 방으로 가버렸다. 그런데 혼자 하는 청소는 재미가 없을 뿐더러 아이의 일손이 있으면 시간이 절약될 게 분명했다.

"애야! 놀이동산 데려갈 테니 나와서 일 좀 거들어. 엄마 심심하다." 내 말이 떨어지기가 무섭게 달려 나온 걸 보니 어지간히 기다렸던 모양이었다. 그날 아이는 정말 열심히 청소를 도왔다. 평소에 꺼리던 음식물쓰레기를 내다버리고 화분에 물을 주고 창문청소도 공을 들여서 하는 것이다. 청소를 마치고 자장면을 배달시켜 먹으면서 아이는 주말 약속을 다시 상기시켰고, 나는 그러겠다고 대답했다.

약속했던 일요일, 나는 다른 약속이 잡혀 있었다. 아이와의 약속을 까맣게 잊어버리기도 했고, 애초에 나는 놀이공원에 가서 애니메이션 코스프레를 보는 일에 흥미가 없었다. 아침 일찍 집을 나선 나는 아이가 전화를 해도 받지 않다가 저녁에야 들어갔다.

그 후유증은 상당히 오래 갔다. 아이는 내 사과를 받지 않았고 거짓말쟁이로 몰아세웠다. 내가 무슨 말을 해도 "엄마가 약속을 지킬지 어떻게 믿어?"라는 식으로 핀잔을 주었다. 부모로서의 자존심이 바닥에 떨어졌지만 그 일을 계기로 배운 게 많았다.

지킬 수 없는 약속은 하지 말고 일단 약속했다면 반드시 지켜야 한다. 그래서 숙제를 다 끝내면 TV를 마음껏 봐도 좋다는 종류의 약속은 하지 않는다. 숙제를 다 끝내면 자기 전에 TV를 두 시간 동안 볼 수 있다고 구체적인 약속을 한다. 마음껏 보라고 했다가 아이에게 자러 가라고 하면 거짓말쟁이가 될 게 뻔하기 때문이다. 하지만 두 시간이라는 조건을 달면 아이는 두 말 하지 않고 두 시간 뒤에는 잠자리에 든다.

✿ 벌하겠다는 약속도 지켜야 한다

아이를 달래기 위해 지키지 못할 약속을 하는 것만큼이나 위험한 것이 벌을 주겠다는 약속이다. "자꾸 고집을 부리면 저녁을 굶길 거야, 오늘 숙제 제대로 하지 않으면 한 달 동안 게임 못하게 할 거야." 등 부모가 야단을 치는 과정에서 하는 말은 진심이 아닌 경우가 많다. 부모가 당장의 분노를 다스리지 못해 홧김에 한 약속이라도, 그것이 지켜져야 아이의 신뢰를 얻는다.

내 친구 중 한 명은 그런 면에서 아이의 신뢰를 잃은 예다. 시어머니의 생신이 있어 큰집에 가야 하는 날이었다. 남편은 퇴근 후에 곧장 형님 댁으로 간다 했고, 친구는 아이들을 데리고 오후에 따로 출발하기로 했다. 그런데 그날 점심 따라 큰 아이가 밥을 먹지 않고 반찬투정을 하는 것이다. 친구는 큰집에 가면 맛있는 음식이 많을 테니 투정부리지 말고 먹으라고 달랬다고 한다. 그래도 아이는 막무가내였다. 작은아이는 칭얼대고 큰아이는 식탁 위에서 떼를 쓰니 친구는 몹시 화가 났다. "계속해서 떼를 쓰면 혼자 집에 남을 줄 알아. 불평하지 말고 밥을 먹던가, 아니면 먹지 말고 이따 큰집에도 가지 마."라고 말했다.

친구의 큰아이는 점심을 거르고 오후 내내 울상이었다. 한편 밥상을 치우고 부엌을 정돈하며 큰집에 갈 채비를 하는 동안 친구의 분노도 가라앉았다. 홧김에 집에 두고 가겠다고 말했지만, 아직 어린 아이를 혼자 떼어놓고 나갈 수는 없었다. 무엇보다 그날은 시어머니의 생신인데 큰아이 없이 가는 건 말이 되지 않는다고 생각되었다. 아이가 잘못을 뉘우치기만 한다면 상관없었다. "다음부터 또 그럴 거야?"라는 엄마의 질문에 아이가 기운 없이 고개를 저으니 안쓰럽기도 했을 것이다. "잘못했지? 다음에 또 그러면 안 돼."라고 말한 뒤 친구는 두 아이를 데리고 큰집으로 향했다.

보통의 부모라면 이런 상황에서 달리 행동하기 어렵다. 하지만 조금 냉정하게 생각해보자. 친구의 아이는 엄마에게 대들거나 말을 듣지 않아도 벌을 받지 않는다는 사실을 배웠다. 큰집에 가야 한다면 떼어놓지 않을 것이며, 어리기 때문에 혼자 두지도 않을 것이었다. 거기에 보태 약간의 반성의 기미만 보여주면 되는 것이다.

아이가 영악해서 부모를 이용하는 게 아니다. 부모가 내세웠던 조건이 지켜지지 않으면 벌을 주겠다고 했지만, 지키지 않았는데도 실제로는 벌을 받지 않았기 때문이다. 덕분에 친구의 아이는 부모에 대한 존경심과 신뢰를 잃고 다음에도 문제없으리라는 확신을 하게 되었다. 아이를 혼자 두기가 걱정된다고 해도 타협을 시도하지 않는 편이 장기적으로는 낫다. 반찬 투정을 부려 엄마를 화나게 하면 혼자 남게 된다는 사실을 기억하게 해야 한다.

✸ 부모와 아이 간의 약속 만들기

우리 아이들과 약속을 만들고 지키는 연습을 해보자. 약속은 지키는 것이라는 원리를 가르침과 동시에 생활태도를 바로잡는 교육이 될 수 있다. 예를 들면 하루의 일과표를 만들거나 약속 리스트를 정해서 매일 확인하는 방법도 좋다.

내가 어릴 때는 하루에서 8시간은 꿈나라(잠자는 시간), 1시간씩 세 번은 식사 시간, 나머지는 학교 수업이나 숙제, 놀이, 운동 등으로 일과표를 짜곤 했다. 방학이면 과한 욕심을 부려 공부와 숙제의 비중을 높였다가 실패한 경험도 많다. 한 달분의 탐구생활과 일기가 밀려 한꺼번에 썼던 경험은 나뿐만이 아닐 것이다.

아이들의 일과표, 약속 리스트를 만들 때는 부모의 일과표와 약속 리스트도 함께 작성하는 게 효과적이며 도움이 된다. 아이들의 계획표만 만든다면 과제를 줘서 지키도록 강요하는 게 되지만, 부모의 계획표가 있다면 서로가 얼마나 지키고 있는지 선의의 경쟁을 할 수 있기 때문이다.

이때 약속 리스트에 들어가는 내용은 부모와 아이 간에 서로 바라는 항목을 중심으로 만들어본다. 벗은 옷은 빨래 바구니에 넣기, 신발은 가지런히 정리하기, 자기 전에 양치질하기, 존댓말 쓰기, 반찬 투정 안 하기 등 부모가 평소 아이에게 바랐던 항목을 아이의 리스트에 넣는다. 마찬가지로 동화책 읽어주기, 사랑한다고 말하기, 머리 땋아주기, 공원에 산책 나가기, 자전거 타기 등 아이가 부모에게 원하는 것들을 부모의 리스트에 넣는 것이다.

매일 실천한 항목을 확인하고 한 주나 두 주가 지난 뒤 결산하고 상벌을 주는 것도 좋은 방법이다. 어느 정도까지 지켰다면 무슨 상을 주겠다고 구체적으로 정해놓고 시작해도 자녀의 의욕을 높일 수 있다. 또한 아이와 부모가 경쟁을 했다면 이긴 쪽이 원하는 상을 받을 수 있도록 해서 성취감을 높인다. 아이는 부모에게 받고 싶은 선물이나 소풍 계획을 요구할 수 있고, 부모는 자녀에게 방 청소, 심부름 등을 요구할 수도 있다.

이것은 일종의 게임처럼 진행할 수 있어 아이들의 참여도가 높다. 고쳐야 할 나쁜 습관이 있다면 반드시 약속 리스트에 넣어서 개선할 기회를 만들어주도록 하자. 시간이 지나면 눈에 띄게 생활습관이 좋아지고, 부모와 아이 간의 관계도 친밀해질 것이다.

기를 죽이는 부모의 말

나의 아버지는 그 연배의 보통 아버지들이 그렇듯 엄격한 편이셨다. 잘못한 일이 있을 때는 호되게 꾸지람을 하셨지만 잘한 일이 있을 때는 칭찬을 아끼셨다. 내가 기억하는 한 아버지는 한 번도 내게 칭찬하신 적이 없었던 것 같다. 어머니는 아버지가 표현할 줄 모르는 성품이라 그렇다고 하셨지만, 어릴 때 나는 하다못해 방 청소를 잘했다거나 반찬 투정을 안하는 것에 대해서라도 칭찬받고 싶었다. 지금까지도 기억에 남은 걸 보니 나는 어지간히 칭찬에 목말랐던 것 같다. 뭐라도 잘했다는 말을 들으면 더 잘할 수 있을 것 같았다. 아버지는 내 기를 죽이시지는 않았으나, 내 기를 살려주지도 않았던 것이다.

자녀는 부모의 말 한마디에 힘을 얻어 용기백배 하는가 하면 반대로 기운을 잃기도 한다. 이때 중요한 것이 칭찬이다. 작은 일이라도 잘했다는 칭찬을 받으며 자란 아이는 스스로를 자랑스럽게 느끼고 더 잘하려고 노력한다. 반면 매사에 잘못하고 실수한 것만 부각시켜 "너는 왜 그것밖에 못해? 머리 나쁜 아이야, 넌 제대로 하는 게 없어."와 같은 말을 들으며 자란 아이는 주눅이 들어버린다.

우리 아이를 주눅 들고 기죽게 만들고 싶은 부모는 없다. 다만 자신이 하는 말이 자녀에게 얼마나 큰 영향을 주는지 모르기 때문에 말을 함부로 하는 실수를 반복하는 것이다. 지금부터라도 내 아이를 위해 절대 해서는 안 될 말들을 가리는 부모가 되어야 한다.

✿ 하지 말라는 말

어린아이를 둔 부모는 한눈을 팔 짬이 없다. 잠시 딴 데로 시선을 돌리는 사이에 위험한 장난을 하거나 아이가 다칠 수도 있기 때문이다. 어린아이들은 손에 닿는 모든 것을 어떻게든 만져보려고 시도한다. 그게 위험하든 안 위험하든 상관하질 않는다. 아이가 부엌 선반에 올라가거나 가스레인지를 켜고 불장난 하는 걸 보고 아찔했던 기억이 있을 것이다. 부모는 사고가 날까 봐 가슴이 철렁 내려앉았다가 화가 나기 시작한다. 놀란 마음이 진정되지 않아 "높은 데 올라갔다가 떨어지면 어쩌려고 해? 그런데 올라가지 말랬지?"라고 소리를 치고 만다. "대체 불장난을 하는 이유가 뭐야? 위험하니까 하지 말랬잖아."라고 야단치기도 한다.

아이가 유치원에 다닐 때 나는 종종 친구의 집에 데려갔었다. 그 집에도 아이 또래의 사내아이가 있기 때문에 아이들끼리 놀아주면 모처럼 나도 친구와 수다를 떨 수 있었다. 그러던 어느 날 아이가 장난감을 싸들고 가자고 야단법석이었다. 그 집에는 재미있는 장난감이 없으니까 집에 있는 걸 가져다가 놀겠다는 것이다. 혼자 노는 것보다는 좋겠지 싶어서 나도 그러자고 동의했다. 아이는 제 유치원 가방에 장난감을 꾹꾹 눌러담았다.

그런데 친구네 아들은 내 아이의 장난감에 관심이 없어 보였다. 아파트 거실바닥에 펼쳐놓았는데도 손을 대지 않고 피하기만 했다. "그거 요즘 인기라던데 넌 안 좋아하니?"라고 내가 말을 붙이자 그제야 장난감 앞으로 다가앉은 아이는, 자꾸 제 엄마의 눈치를 보는 것이었다. "왜 그러니? 아이에게 장난감 가지고 놀지 말라 했어?"라고 나는 친구에게 물었다. 친구는 제 아들의 그런 모습이 마음에 들지 않았던지 눈살을 찌푸리더니 버럭 소리를 질렀다. "대체 넌 왜 그러니? 손 댈 것과 안 댈 것이 구별이 안 가? 머리가 나쁜 거야, 뭐야?"라는 친구의 말에 내 아이까지 깜짝 놀라고 말았다.

친구는 평소 아이에게 "○○하지 말라."라는 말을 자주 했다. 책상 위에 올라가지 마라, 맨손으로 음식을 집지 마라, 냉장고를 자주 열지 마라는 등 일상적인 표현이 그랬다. 아이가 이것저것 손대다가 다치기나 하니까 버릇을 길러주려고 그랬다는 설명이었다. "아무래도 머리가 나쁜 거 같아. 하지 말래도 자꾸 손을 대잖아."라며 친구는 한숨을 쉬었다.

부모는 아이에게 너무 빠르게, 너무 많은 걸 배우고 익히도록 요구하는 실수를 범한다. 아이는 만져보기 전에는 불이 뜨겁고 위험하다는 사실을 모르는데, 불 가까이에 가지 말라고만 하는 것이다.

따뜻한 식기를 만져보게 하고, 불은 그보다 10배나 100배쯤 뜨겁다고 말해주면 어떨까. 불에 데어 화상을 입을 필요까지야 없겠지만 체계적인 교육이란 그런 것이다. 무조건 '하지 말라'고만 하면 아이는 제 스스로 아무것도 손대지 못하는 수동적인 성격으로 변해버린다. 머리가 나쁜 아이는 없다. 다만 부모가 아는 것을 알기에는 아이의 준비가 덜되었을 뿐이다. 하지 말라는 말을 계속 들으면 아이는 마음의 상처를 입고 주눅 들게 된다.

✸ 그것밖에 못하니, 제대로 하는 게 없어

아이에 대한 부모의 높은 기대치가 아이를 멍들게 하고 있다. 한글을 배우기 시작한 아이에게 독후감을 쓰라고 하거나, 알파벳을 배우는 아이에게 능숙한 영어 문장을 만들라고 하는 것과 같은 이치다. 아이의 성장을 기다려주는 부모의 인내심이 부족한 듯해서 아쉬울 때가 많다.

이따금 TV 프로그램에 '신동'이라 불리는 아이들이 출연할 때가 있다. 그 아이들을 보는 많은 부모들이 '내 아이도 신동이라면 얼마나 좋았을까.'라는 생각으로 부러워한다고 한다. 하지만 신동이라고 해도 모든 분야에 뛰어난 것은 아니다. 부모의 직업이나 가족 환경의 특수성 때문에 특정 분야에서 일찍 두각을 나타내는 경우가 많을 뿐이다. 부모가 모두 과학자라면 아이는 일찍부터 과학에 노출될 확률이 높고, 관심사가 과학으로 쏠린 뒤에는 부모의 도움을 받아 개발을 할 수 있다. 음악가의 가정에서 음악가가, 미술가의 가정에서 미술가가 나오는 것은, 태어나는 것이 아니라 길러지는 것이다. 만일 실제로 천부적인 재능을 타고 난 신동이 있다고 해도 뭐가 다른가. 대부분의 우리 아이들은 신동이 아니다.

초등학교 6학년이 된 용철이는 방과 후에 학원을 세 군데 다니고 있다. 학과 성적을 지도하는 보습 학원, 컴퓨터 학원, 피아노 학원이 그것들이다. 학원 수업을 마치고 집에 돌아오면 한밤중이 되었다.

용철이 부모는 아이를 위해 네살 때부터 학원에 보냈다. 처음에는 창의력 개발에 도움이 된다는 미술 학원이었고, 그 뒤에는 태권도 학원이었으며, 발레 학원에도 보냈다. 미술 학원을 일 년이나 다닌 뒤에도 용철이의 미술 실력이 향상되지 않자 단소 학원으로 옮겨줬다.

용철이 부모는 아이의 적성에 맞지 않거나 실력이 나아지질 않는다는 이유로 용철이가 다니는 학원을 계속 바꿨다. 그동안 쿵푸, 단소, 수영, 바이올린, 영어 학원 등을 짧게는 한두 달에서, 길게는 1년 이상을 다녔다. 가장 오래 다닌 학원은 보습 학원과 컴퓨터 학원으로, 용철이가 초등학교에 입학하면서부터 6년째 다니고 있다.

용철이의 부모는 아이가 일찍부터 창의력을 개발하고 재능을 찾아낼 수 있기를 바랐다. 그래서 미술과 음악, 운동을 비롯한 각종 학원에 보냈다. 그중에서 가장 잘하는 한 가지를 집중적으로 가르치면 될 거라는 생각 때문이었다. 하지만 아이의 재능과 적성이 쉽게 드러나질 않자 수시로 학원을 바꾸며 어느덧 8년을 보내고 있다. 그들은 "아이가 제대로 할 줄 아는 게 없어서 그런 거지, 일부러 그런 것이 아니다."라고 말한다.

어쩌면 용철이 부모는 아이에게 많은 기회를 줬다고 믿을지 모른다. 하지만 실제로 우리가 경험했듯이 어린 시절의 재능과 성인이 된 후의 재능, 어린 시절의 꿈과 성인이 되어서의 꿈은 다르다. 게다가 한 가지를 제대로 배울 시간도 주지 않은 채 이것저것 바꿔주다 보면 아이의 혼란만 가중될 수 있다. 아이 스스로 "난 왜 이렇게 잘하는 게 없을까? 제대로 할 줄 아는 게 아무것도 없어."라고 믿게 만들어서는 안 된다.

✾ 잘못했다고 말해

자녀를 키우다보면 부모가 자녀를 꾸중해야 할 시점이 분명히 온다. 아이의 잘못을 고쳐주고 실수를 바로잡으며, 좋은 습관을 길러주기 위해서 드는 '사랑의 매'와 같다. 그러나 부모가 꾸중하고 야단치는 일은 지혜롭게 해야 한다. 꾸중을 하는 과정에서 언성이 높아지거나, 좋지 않은 표현으로 아이를 상처 입힐 수 있기 때문이다.

나는 내 아이의 실수에 관대하려고 노력한다. 실수를 경험해봐야 고치고 바로잡는 법도 배우게 된다는 생각 때문이다. 그러나 가끔은 나도 모르게 아이를 다그치고 몰아세울 때가 있다. "잘못했어, 안했어? 또 그럴 거야?"라는 말처럼 직접적으로 아이를 장악하는 말도 없을 것이다. 아이가 "잘못했어요, 다시 안 그럴게." 외에 다른 대답을 할 수 없다는 사실을 알면서도 그렇게 질문한다.

공원에서 만난 영희 엄마는 소위 '아이를 잡는' 사람이었다. 처음에는 그저 엄격한 부모라는 인상만이었는데, 보면 볼수록 영희를 대하는 태도가 지나쳤다. 아이에게 윽박지르고 큰소리 내기를 예사로 하는 사람이었던 것이다. 내가 남의 자녀 교육에까지 참견할 깜냥은 못된다고 생각했지만 마주칠 때마다 마음이 불편했다. 언제고 한번은 일러줘야지 속으로만 생각하다가 어느 날 기회가 왔다.

"흙투성이가 되었잖아. 엄마가 하지 말랬지. 잘못했어, 안 했어?"

"했어."

"또, 또. 흙 묻은 손으로 과자 먹으면 돼, 안 돼?"

"안 돼."

"그렇게 말하는 거 아니라고 엄마가 그랬지? 다시 말해야지?"

흙장난을 하다가 옷과 손을 더럽히고, 그 더럽혀진 손으로 과자를 먹었다고 야단을 맞는 상황이었다. 영희 엄마는 원하는 대답이 나오지 않았는지 같은 말을 여러 번 반복하더니 급기야 소리를 질렀다.

"잘못했으면 어떻게 말하라고 했어? 잘못했다고 말해야지! 어서 잘못했다고 해!"

아이는 자신이 뭘 잘못했는지 벌써 알고 있다. 굳이 야단을 치지 않고 넘어갈 수도 있겠지만, 이번 기회에 정확하게 짚고 넘어가야겠다고 생각할 수도 있다. 그래도 아이를 윽박지를 필요는 없다. 우리가 뭔가 잘못을 했을 때 누군가 "잘못했으면, 잘못했다고 말해!"라고 강요한다면 그 심정이 이해가 될 것이다. 아이의 잘못을 일러주는 것은 중요하지만, 이런 식의 어법은 아이를 궁지에 몰아넣는다. 소중한 내 아이를 기죽일 필요는 없는 것이다.

자신감을 떨어뜨리는 말

사회생활을 하다 보면 나도 모르게 사람들을 평가할 때가 있다. 첫인상과 옷차림, 걸음걸이, 말투 등을 보면 그 사람이 어떤 사람인지 짐작을 하게 되는데 대체로 틀리지 않는다. 이런 특징은 직업이나 학력처럼 명확하게 드러나지는 않지만 그 사람을 설명하는 표현이 된다.

사람들의 행동을 평가하는 데는 몇 가지 규칙이 있다. 키와 상관없이 자세가 곧고 바른 사람은 신뢰감을 주며, 어깨를 펴고 성큼성큼 걷는 사람은 당당해 보인다. 자신의 의견을 말할 때 어조에 힘을 실어 강단 있게 끊는 사람은 확신이 있어 보이고, 상대방의 눈을 정면으로 응시하는 사람은 자신감이 있어 보인다.

반대로 키가 큰데도 자세가 구부정하고 목을 움츠린 사람을 보면 주눅이 들어 보이고, 흐느적거리며 느리게 걷는 사람은 게을러 보인다. 말을 할 때 종결어미를 분명히 하지 않고 흐리는 사람은 신뢰가 가지 않으며, 상대방의 눈을 피하는 사람은 진실되게 보이지 않는다. 다른 사람의 행동을 보며 이렇게 판단하는 사람이 나만은 아닐 것이다. 행동과 자세는 그 사람의 내면을 드러내는 거울이기 때문이다.

나는 내 아이가 당당하고 자신감이 넘치며, 남에게 신뢰감을 주고 진실되어 보이기를 바란다. 하지만 "언제나 당당하고 자신 있게 말해! 믿음직하게 굴어야지!"라는 말로는 아이의 행동을 바꿀 수 없다. 이미 말했듯이 행동과 자세는 어떻게 외모가 생겼는지에 상관없이 내면에서부터 우러나오는 것이기 때문이다. 그러므로 내면을 가꾸게 돕는 일은 외모를 가꾸는 일보다 훨씬 어렵다.

✿ 넌 안 돼, 원래 그런 아이야

사람의 성장 과정은 몇 단계에 걸쳐 일어난다. 영·유아기, 아동기, 청소년기 등으로 말하는 생리적인 성장도 있을 테지만 희로애락을 경험하는 시기가 각기 다르기 때문이다. 아주 어린아이들은 좋고 나쁜 것밖에는 구별할 줄 모른다. 배고프고 배부른 것, 춥고 더운 것, 재미있고 재미없는 것 등 상반된 감정에서 O표, X표를 하는 것이다. 그러나 나이가 들어가면서 좋은 것은 한 가지가 아니라는 사실과 나쁜 것 또한 갖가지 감정이 포함되어 있음을 깨닫게 된다. 호감, 기쁨, 만족, 신남, 행복 등을 '좋다' 라는 단어 하나에 집어넣을 수 없다는 걸 배우는 것이다.

문화센터의 일일 상담원으로 봉사활동을 나간 적이 있었다. 초등학생 하나가 어깨를 잔뜩 움츠리고 나를 찾아왔다. 스스로 오고 싶어 온 것이 아니라 누가 등을 떠밀어 온 것 같은 모양새를 하고 있었다. "오늘은 날씨가 좋구나. 날씨가 좋으면 기분도 좋아지지? 오늘은 어떻게 보냈니?"라고 말을 걸자 아이는 "아 네. 그냥요."라고 대답하는 것이다. 감정표현에 서툰 아이라고 생각하며 "어떻게 알고 찾아왔니?"라고 물었다. 아이가 한참을 머뭇거리는 통에 나도 대화를 이어나가기가 영 불편했다. "그냥요. 오고 싶지 않았는데 선생님이 가보라고 해서요." 아이는 말할 준비가 되어 있지 않았다.

나는 다만 대화를 이어갈 목적으로 "무슨 과목을 제일 좋아하니?

어떤 친구와 제일 친해?"라고 판에 박힌 질문을 할 수밖에 없었다. "전 잘 하는 게 없어요. 무얼 해도 안 돼요."라고 아이가 대답했다.

내가 가장 끔찍하게 생각하는 말은 "넌 무엇을 해도 안 돼."라는 말이다. 이처럼 부정적인 말은 아이가 제 스스로 찾아낼 수 있는 표현이 아니다. 누군가로부터 반복적으로 이 말을 들어왔을 때 인지되는 말이기 때문이다. 문제는 그 '누군가'가 보통 아이의 부모라는 사실이다. 실제로 앞의 아이는 어릴 때부터 부모로부터 "넌 왜 제대로 못하니? 넌 아무것도 못하는구나."라는 말을 계속해서 들어왔다. 제대로 해내기 위해 애를 써도 계속 실패하자 아이의 부모는 "넌 뭘 해도 안 돼. 넌 원래 그런 아이야."라고 말했다는 것이다. 아이는 그 말이 나쁜 말인 줄 몰랐지만 자신도 모르는 사이에 '난 원래 그런 아이야. 아무것도 못하고, 뭘 해도 안 돼.'라고 믿게 되었다.

부모의 말 한마디는 아이의 자신감을 길러줄 수 있고, 동시에 자신감을 빼앗을 수도 있다. 늘 예쁘다는 말을 들어온 아이는 자기 외모에 자신감을 가지며, 못생겼다는 말을 들어온 아이는 사실은 매우 예쁜 외모에도 불구하고 스스로 못생겼다고 믿는다. 우리 아이를 부정적으로 평가하는 말은 절대 해서는 안 될 말이다.

✿ 왜 가르쳐줘도 모르니, 머리가 나빠

집에 있는 화초에 매일 물을 주어도 잎사귀마다 자라는 속도가 제각각이다. 어떤 잎사귀는 하루가 다르게 크는 반면 어떤 것은 몇 주가 지나도 그대로 있는 경우도 많다. 때가 되면 자라겠지만 시간이 필요한 것이다.

아이의 성장도 이와 같은데, 부모들은 아이들의 성장 속도가 제각 각이라는 사실을 받아들이지 못하는 것 같다. 다른 집 엄마들이 어떻게 키우는지, 다른 아이들은 얼마나 컸는지 끊임없이 궁금해하고 안달한다. 내 아이가 다른 집 아이들보다 뒤처질까 조바심을 내기 때문이다.

늦게 결혼을 한 내 친구는 빨리 아이를 낳고 싶었지만 수년간 생기지 않았다. 무슨 문제가 있나 걱정되어 병원에서 검사를 받기도 했다. 그러다 5년만에 아이가 생겼을 때 친구부부의 기쁨은 말로 표현할 수 없었다. 친구는 딸을 낳았고, 할 수만 있다면 곧바로 둘째를 가지고 싶다고 말했다. 덕분에 나도 오래전에 우리 아이들을 낳았던 때의 감동과 기쁨을 떠올릴 수 있었다. 친구는 산후조리원에서 만난 엄마들과 동호회를 만들었다.

친구의 딸아이는 키가 큰 제 부모를 닮았는지 빠른 속도로 자랐다. 다른 집 아이들이 뒤집기를 하기 전에 이미 배밀이를 시작했고, 다른 집 아이들이 배밀이를 할 때쯤에는 벽을 짚고 일어섰다. 9개월이 지나 균형을 잡으며 걷기까지 해서 친구를 행복하게 만들었다.

"애들은 크는 게 하루가 달라. 가끔 모임에 나가보면 우리애가 제일 크고 빠른 편이지. 그래도 뭐, 달라봤자 한두 달 아니겠어? 사람이 직립보행인데 언젠가는 걷겠지 뭐. 아프지 말고 건강하기나 했으면 좋겠어."

나는 친구가 자랑스러웠다. 자라는 속도가 달라도 친구 말마따나 한두 달의 차이로 걸을 게 분명한데, 많은 엄마들이 그 시간을 인내하지 못하기 때문이다. "우리 애는 일곱달 만에 걸었어요. 우리 애는 첫돌에 벌써 말을 해요."라는 말이 그토록 대단한 것인지, 아이의 인생에 우열을 갈라놓을 만한 일인지 궁금하다. 다른 집 아이들보다 빨리 자라기를, 빨리 깨우치기를 바라는 부모의 욕심이 아이를 힘들게 만든다.

그래서 엄마들은 자녀가 감당할 수 없는데도 가르치려 든다. 겨우 머리를 가누는 아이를 일으켜세워 걸음마 연습을 시키고, 아이가 따라오지 못한다고 야단을 친다. "대체 뭐가 문제니? 아무리 가르쳐줘도 늘지가 않아." 이렇게 한탄하는 것이다. 부모가 조바심을 낸다고 해서 아이가 빨리 자라는 것은 아니다. "우리 아이는 머리가 나빠. 어떻게 하면 좋아?"라는 말을 하는 엄마들을 볼 때마다, 아이의 성장을 기다려주는 인내심의 부족이 안타깝다.

✸ 누굴 닮아서 그러니?

자녀를 사랑하는 부모의 마음은 발가락이 닮았다는 말이라도 하고 싶게 만든다. 그만큼 내 분신이라는 생각이 강하기 때문이다. 아직 눈도 뜨기 못하는 갓난아기를 보고도 부모 중 "누구를 닮았네. 친가와 외가 중 어느 쪽을 닮았네."라는 말을 하는 것이다. 부모의 바람은 기왕이면 나를 닮았기를 바란다. 그래서 남편과 아내 중 어느 한쪽만을 닮았다고 하면 닮지 않은 쪽에서는 서운해하기도 한다. 내 어머니 역시 나를 두고 '아버지를 빼다 박은 얼굴' 이라고 친척들이 말했을 때 서운해서 눈물이 났다고 했다.

이처럼 좋은 의미로 쓰였던 '닮았다'는 말이 어째서인지 나중에는 부정적으로 쓰이는 경우가 많아진다. 아이가 속을 썩일 때, 마음에 안 드는 구석이 있을 때 "누굴 닮아서 이렇게 속을 썩이는 거니?"라는 말은 호의적으로 들리지 않는다.

진한이가 제일 싫어하는 말은 "네 아빠를 닮았어."라는 말이라고 한다. 진한이의 부모는 2년 전에 이혼을 했는데 진한이 아빠가 재혼을 하면서, 아이는 엄마와 함께 살고 있었다. 이혼을 받아들이기도, 편부모와 살기도 아이에겐 낯설고 적응하기 어려운 일이었을 것이다. 그래서 진한이의 학교 성적은 급격히 떨어졌다. 같이 어울리지 않기를 바라는 아이들과 몰려다니며 컴퓨터 게임을 하느라 밤을 새우기도 했다. 초등학생인 진한이로서는 직장을 다니는 엄마가 없는 빈집에 들어가기도 싫었을 것이다.

진한이 엄마는 늘 피곤한 상태였기 때문에 점차 아이에게 관대함을 잃어갔다. 진한이가 마음에 안 드는 행동을 할 때마다 큰소리로 야단을 치는 일이 잦아졌다. 그중 가장 자주 하는 말이 "어쩌면 너는 네 아빠랑 하는 짓이 똑같니? 엄마 힘들게 하고, 속 썩이고."라는 말이었다. 진한이가 잘못을 저지르는 이유가 제 아빠를 닮아서라며 아이를 몰아붙였다. 어쩌다 집에 있는 주말에는 진한이를 지켜보다가 이렇게 한 마디씩 내뱉기도 했다.

"넌 정말 네 아빠를 꼭 닮았구나. 앞날이 걱정된다."

진한이 엄마는 자기 친구들을 만날 때도 비슷한 얘기를 했다. 아이가 자랄수록 제 아빠를 닮아가니 정이 떨어질 때가 있다는 말이었다. 그리고 아이는 '아빠를 닮았다'는 말이 나쁜 말이라고 인식하게 되었다.

진한이네 가족이 화목했을 때는 최고의 찬사였을 말이, 부부가 이혼을 함으로써 최악의 표현이 되어버린 사례다. 사랑하는 남편을 닮아 더 예뻤던 아들의 외모는 변함이 없는데 받아들이는 엄마 입장이 틀려졌기 때문이다. 이제 진한이 엄마는 아들에게서 전남편의 모습을 발견하는 일이 싫어진 것이다.

이혼이라는 특수한 상황이 아니더라도 "넌 네 엄마랑 똑같구나. 넌 네 아빠와 같은 행동을 하는구나."라는 말들은 자주 부정적으로 쓰인다. 부부싸움 뒤에, 혹은 자녀의 실수를 발견하고 책임을 회피하고 싶을 때 사용하기 때문이다.

'닮았다' 라는 말이 부정적으로 쓰이면 그 당사자도 부정적인 사람이 된다. 아빠를 닮아서 실수한 거라면, 아빠는 '실수를 저지르는 나쁜 사람' 이라는 결론에 쉽게 도달하기 때문이다. 부모를 닮고 싶은 아이, 닮기 싫은 아이를 만드는 일은 부모의 선택이다.

학습에서 멀어지게 하는 말

우리나라 부모는 세계적으로 교육열이 높기로 유명하다. 이민자들이 뿌리를 내린 북미의 여러 대학에서도 최고의 성적을 내는 학생은 한국인들이다. 그만큼 교육을 중요하게 생각한다는 점에서 존중을 받기도 하지만, 지나치게 성적에 집착하는 면 때문에 부정적인 시선을 받기도 한다. 국내에서도 자녀의 성적 경쟁이 부모의 경쟁이 된 지 오래다.

지난 10년간 우리나라에서 공부에 대한 중압감과 성적 비관 등으로 자살한 학생이 200여 명에 이른다고 한다. 공부를 잘하라는 강요는 성적이 좋거나 나쁘거나에 상관없이 학생들을 괴롭히는 것이다. 우리 아이들의 공부하는 습관을 길러주고 싶은 부모 마음이야 똑같겠지만, 공부하라는 잔소리는 더 이상 효과적인 것 같지 않다.

나는 부모님들로부터 공부하라는 말을 듣고 자라지 않았다. 어쩌다 우등상이라도 받아오면 아버지는 밖에 나가 친구들에게 자랑을 할지언정 내 앞에서는 칭찬을 아꼈다. 어머니가 "잘했다고 칭찬을 좀 해주지 그래요?"라고 말하면 "이게 저를 위한 거지. 나를 위한 거야? 공부해서 잘되고 싶으면 다 제 할 일이야."라는 게 아버지의 말이었다.

그러나 어쩌다 선행표창장을 받아올 때는 얘기가 틀려졌다. 당시에는 어쩌면 그렇게 상이 많았는지, 친구들과 잘 지내고 예의가 바르다는 이유로도 상장을 주었다. "아버지는 네가 우등상을 받아온 것보다 이게 더 마음에 든다. 먼저 인간이 되어야지, 공부만 잘하면 무슨 소용이냐?"라는 말은 아버지의 진심이었을 것이다. 실제로 내 성적이 떨어졌을 때 아버지는 야단을 치시지 않았다. 만일 그때 야단을 맞았더라면 내가 더 열심히 공부했을까 자문해본다. 아마도 그렇지는 않았을 것이다.

✿ 공부하라고 했지?

조사에 따르면 대다수의 학생이 공부하기 싫어지는 말의 1순위로 "공부해라."를 꼽았다. 공부를 하라고 하면 공부가 하기 싫어진다니, 참 아이러니한 일이 아닐 수 없다. 분명한 것은 내 아이가 공부에 흥미를 가지도록 하려면 공부를 하라고 강요하지 말아야 한다는 것이다.

"오직 공부, 공부, 공부뿐이에요. 엄마는 다른 데 관심이 없어요. 내가 무슨, 공부하는 기계도 아닌데. 다른 말은 할 줄 모르나 봐요. 성적표나 학교 같은 거 없는 세상이라면 엄마는 심심해서 못 살았을 걸요. 엄마랑 얘기하기가 싫어요."

중학교 3학년인 윤미는 전국 모의고사 성적이 5% 안에 들어가는 우등생이다. 책 읽기를 좋아하고 영리해서 지금처럼만 공부한다면 명문대에 들어갈 게 분명했지만, 제 엄마와의 갈등은 나날이 깊어가고 있었다. 하지만 윤미 엄마는 흔들림 없이 단호했다.

"지금 성적이야 괜찮지만 한눈팔면 금세 떨어질 거야. 뒤에서 치고 올라오는 애들이 있는데 제까짓 게 얼마나 버티겠어? 다 자기를 위해서 하는 말인지도 모르고."

아이의 성적에 관심 없는 부모는 없다. 하지만 관심을 어떻게 표현하느냐에 따라 아이들은 부모의 사랑을 느끼기도 하고 그렇지 못하기도 한다. "너를 위해서 공부하라는 거야."라고 말해봤자 "나를 위해서가 아니라 엄마를 위해서 공부하라는 거 아니야?"라는 반발만 되돌아온다. 부모가 되기 전에는 우리도 자녀였다는 사실을 기억하고 아이가 받는 느낌에 초점을 맞춰야 한다.

최근에 나는 초등학교 교사로 근무하는 친구로부터 흥미로운 소식을 들었다. 특목고와 명문대를 목적으로 영어나 수학, 논술 등의 과외를 받는 아이에 대한 이야기였다. 부모의 성화로 어릴 때부터 과외 받는 아이는 드물지 않지만, 그 아이는 농구와 기타 연주까지 과외 받고 있다고 했다. 이유인즉 공부만 잘하는 아이는 인기가 없기 때문이라는 것이다. 운동도 하나쯤 해야 하고 악기도 하나쯤은 다뤄야 한다는 게 그 아이 부모의 생각이었다. 자신이 원해서가 아니라 부모의 강요로 배우는 운동과 악기 연주에 과연 아이가 흥미를 가질까 의문이었다.

하지만 나도 별 수 없이 내 아이에게는 잔소리꾼 엄마다. 공부하라는 말은 다른 엄마들보다 덜할지 모르지만, 아이에게는 여전히 과한 모양이다. "공부하라는 말 좀 그만해. 내가 다 알아서 한다니까."라는 말이 어쩌다 내 아이 입에서 나올 때면 당혹스럽다. 어떻게 해야 아이에게 과중한 부담을 주지 않고 공부하는 습관을 길러주는 현명한 엄마가 될 수 있을까? 이 문제는 부모가 평생을 고민해야 할 숙제인 것 같다.

❀ 다른 아이와 비교하기

몇 달 전의 일이었다. 야근으로 한 주 내내 늦게 귀가하던 남편이 주말이 되자 일어날 생각을 안했다. 피곤해서 그랬겠지만 나는 화가 치밀었다. 평일에 시간을 못 냈으면 주말은 가족과 함께 보내야 한다는 게 내 신조였기 때문이다. 나의 잔소리에 남편은 억지로 일어나긴 했지만 귀찮아하는 모습이 역력했다. "뭐라도 좀 할 생각을 해. 아무것도 하기 싫은 거야?"라고 하자 "미안해. 그런데 너무 졸리고 피곤해."라고 대답하는 것이다. 나는 그에게 화가 풀어지지 않아 나도 모르게 해서는 안 될 말을 하고 말았다. 내 친구 남편은 사업 때문에 정신없이 바빠도 주말이면 요리를 한다는데 당신은 뭐하는 사람이냐고 말해버렸다. 남편은 "미안하다고 하는데 꼭 그렇게까지 말해야겠어?"라며 마음 상한 얼굴이 되었다.

남편들이 가장 듣기 싫어하는 말이 남의 남편과 비교당하는 것이라고 한다. 그것은 아내 역시 마찬가지다. 누구네 집사람은 자기 관리를 잘해서 아직도 처녀 같은데 당신은 왜 그리 퍼졌냐고 하거나, 요리 솜씨를 비교하는 말을 들어도 서운해진다. "그럼 그 여자랑 결혼하지 왜 나랑 했냐?"며 싸우게 되는 것도, 나를 나 자신으로 봐주기를 바라는 마음 때문이다.

이수와 이지는 일란성 쌍둥이다. 체격이며 얼굴이 비슷해서 따로따로 있으면 구별이 가지 않을 정도로 꼭 닮았다. 차이가 있다면 형인 이수는 책을 좋아하고 얌전한 반면, 동생인 이지는 운동을 잘하고 활달한 성격이라는 것이다.

아이들이 어릴 때는 적극적이고 친구가 많은 이지가 당연히 눈에 띄었다. 그러나 학교에 들어간 뒤에는 이수가 주목받기 시작했다. 친구들과 어울리는 것보다 혼자 책 읽고 공부하는 걸 좋아했던 아이가 재능을 발휘했기 때문이다. 반면 책상 앞에 앉아 있질 못하는 이지의 성적은 계속해서 떨어졌다. 상급생이 되자 두 아이는 성적이 벌어진 크기만큼 달라졌다. "네 형을 좀 봐라. 한번이라도 성적 때문에 엄마 아빠 걱정시킨 일이 있나. 매일 나가서 놀 생각만 하지 말고 형처럼 공부를 좀 해! 그 성적으로 중학교 가서 어쩌려고 그래?"

이지의 성적 때문에 걱정이 되었던 부모는 이지와 이수를 비교하는 일이 잦아졌다. 그러자 이지는 늦게까지 집에 돌아오지 않았고 성적도 올라가지 않았다.

아이들은 비교당하는 데 어른들보다 더 민감하다. 부모는 아이의 마음을 잡아줄 작정으로 하는 말이지만 아이가 받아들이는 건 틀리다. 친구들과 비교하는 것도 문제지만, 형제 간에 비교당하면 더 크게 상처를 받는다. 형제지간이라도 성격과 장점이 다 다른데 부모의 관심이 한곳에만 쏠려 있다고 생각되면, 비교당하는 아이는 소외감을 느낀다.

이지는 성격이 활달하고 운동을 잘하는 등 장점이 많은 아이였지만, 이수와 비교되기 시작하자 집 밖으로 나도는 시간이 더 많아졌다. 부모는 성적이 오르기를 바라서 한 말이지만 오히려 성적도 떨어졌다. 만일 이지의 부모가 아이의 장점을 인정하고 자랑스러워한다는 것을 먼저 표현해줬더라면 어땠을까. 두 아이의 서로 다른 장점을 칭찬해주고, 그 뒤에 공부가 중요한 이유를 설명했다면 이지도 다르게 받아들였을 것이다.

❀ 행복은 성적순

1989년에 개봉된 '행복은 성적순이 아니잖아요'라는 영화를 기억할 것이다. 당시 하이틴 스타였던 이미연, 김민종, 최수지, 김보성 등이 출연했던 그 영화는, 1986년에 자살한 여중생의 실화를 바탕으로 제작되어 주목을 끌었다. 우등생이었던 주인공은 공부만 강요하는 엄마와 입시 제도에 반발해 자살이라는 극단적인 방법을 택했다. 여중생의 유서에는 음악도, 친구도, 노는 것도 안 된다던 엄마에 대한 원망과, 공부를 잘해도 행복하지 않다는 내용이 적혀 있었다. 하지만 영화가 사회에 일으킨 파문은 잠시, 여전히 학생들은 입시 교육과 성적 스트레스에서 해방되지 못했다.

> (중략) 내가 자살하기 하루 전에 쓰는 글이야. 왠지 슬퍼. 내가 죽기 때문일까. 내가 죽으면 슬퍼할 사람들 때문일까. 아님 내가 죽어도 아무 일 없었다는 듯이 버젓이 돌아갈 세상 때문일까? 나는 말이야. 유치원 약 3년, 초등학교 6년 중학교 2년하고도 약 2개월. 약 11년 조금 넘게 공부를 했어. (중략)
>
> 나도 자유로운 사람이 되려고 생각했었어. 근데 현실은 너무 달라. 상상 이상으로 너무 달라. 공부가 힘들어 자살하는 사람들, 다 남 이야기 같았어. 하지만 아니야. 공부 공부 공부 공부. 좁디좁은 교실에 선풍기 4대 히터 2대. 40명이 넘는 아이들. 같은 곳에서 각기 다른 재능을 지닌 아이들이 오직 한 가지만 배우고 있었어. '대학 가는 법'
> (중략)
>
> 내가 죽는다고 변하는 건 아무것도 없을 거야. 선생님들의 강력한 몽둥이도, 선생님들의 강력한 두발규제도, 선생님들의 공부 공부 소리도, 사회의 공부 공부 공부 공부……,

내가 여고를 다니던 무렵 담임선생님이 했던 말 중에 이런 게 있었다. "행복은 성적순이 아니지만 인생은 성적순이다."라는 말이었다. 벌써 오래전의 일인데도 이렇게 생생하게 기억나는 것을 보면 내가 꽤나 충격을 받았던 모양이다.

과연 그럴까. 성적이 높았던 학생과 낮았던 학생의 인생이 그렇게나 차이가 나는 것일까 의문이었다. 물론 성적이 좋았던 학생들은 소위 말하는 명문대를 진학했고, 성적이 나빴던 학생들은 중하위권 대학에 가거나 아예 취업으로 진로를 바꾸기도 했다.

학창 시절의 성적이 미치는 영향은 거기까지다. 대학을 진학하거나 가지 못했다고 해서 상반된 인생이 펼쳐지는 것은 아니다. 여고 동창회에 나가보면, 나보다 좋은 성적을 내고 명문대에 진학했던 친구들이 오늘날 반드시 나보다 나은 인생을 살고 있지는 않았다. 또 대학시절 학점이 나빠 취업을 고민했던 친구들 중에 사회의 여러 분야에서 활약하는 이가 적지 않으니, 그때 담임선생님을 만날 수 있다면 아직도 같은 생각인지 묻고 싶다.

우리 아이들에게 행복은 성적순, 인생은 성적순이라고 말하지 말자. 누군가 1등을 한다면 누군가는 40등을 할 수밖에 없다. 40등을 했다고 해서 그 아이를 인생의 낙오자로 만들 것인가. 아이가 백 퍼센트의 자질을 발휘하도록 돕는 방법은 강요나 위협이 아니다.

생활태도를 나쁘게 만드는 말

자녀에게 부모는 역할 모델이다. 아버지로부터 남성상을, 어머니로부터 여성상을 배우기 때문이다. 남성의 역할과 책임감을 보여주는 아버지를 보고 자란 딸의 이상형은 '아버지 같은 남자'이며 어머니가 보여준 여성성에 감동받은 아들은 '어머니 같은 여자'를 이상형으로 삼는다. 부모의 습관과 행동, 사용하는 말 등 어느 것 하나 영향을 미치지 않는 게 없다. 아이들이 부모를 보면서 그대로 모방하기 때문이다.

내 친구는 밤늦게 잘 때가 많아서인지 아침잠이 많다. 주중에는 남편을 출근시키고 아이를 등교시키느라 억지로 일어나지만 주말이면 늦게까지 이부자리에서 버티는 습관이 있었다. 남편이야 이런 생활습관을 많이 봐왔지만, 그것을 아이가 보고 따라하리란 생각은 미처 하지 못했다. "그만 좀 일어나지 그래?"라고 남편이 말하면 "일요일이잖아. 오늘은 늦잠 좀 자게 내버려 둬."라고 대답하곤 했다.

초등학교는 격주 토요일에 등교를 하지 않기 때문에 아이가 집에 있는 날이었다. 아침 준비를 마치고 깨우러 갔는데도 아이를 버티며 이불을 뒤집어쓰기에 잔소리를 했다. "학교에 안 간다고 이렇게 안 일어나도 되는 거야? 밥상 차려놨는데 나와서 먹어야 할 거 아니니?"라는 말에 "오늘은 학교 안 가잖아. 졸리단 말이야."라는 아이의 대답이었다. "학교에 안 가도 일어날 때는 일어나야지?"라고 말하자 "엄마도 일요일엔 안 일어나잖아. 난 오늘 일요일이랑 똑같아."라는 아이의 논리였다. 엄마가 그랬기 때문에 자신도 그래도 된다고 하니 친구는 할 말이 없었다. 엄마의 습관이 그대로 아이의 습관을 만들기 때문이었다.

✿ 내일 하면 되지

영희 엄마는 느긋한 사람이었다. 천천히 말하고 천천히 먹으며 천천히 걷기 때문에 나는 그녀와 함께 있을 때 편하기도 했지만 이따금 답답했다. 약속 시간에 상대가 늦어도 관대한 만큼 그녀 자신도 늦는 일이 허다했던 것이다. '그럴 수도 있지. 좀 천천히 만난다고 뭐가 달라지나?'라는 게 그녀의 지론이었다.

그런 그녀의 느긋함은 영희를 키우는 데도 그대로 나타났다. "엄마! 독후감 써야 한다고 했잖아. 책 사러 가자."라는 영희의 말에 "다음 주까지 내면 된다며? 내일 사러 가면 되지."라고 대답하는 그녀였다. 그리고 그다음 날이 되면 "아직 시간 많은데 뭐. 내일 사면 되지 않겠어? 엄마가 도와줄 거야." 그러면서 독후감을 내야 할 시점까지 미루기가 일쑤였다.

오늘 할 일을 내일로 미루는 부모는 아이의 좋은 습관을 길러주지 못한다. 역할 모델인 부모를 모방하는 아이들의 습성 때문이다. 또한 "내일 하면 되잖아? 오늘 꼭 해야만 하니?"라는 식으로 아이에게 자꾸 말해버리면 아이는 무의식 중에 '뭐, 조금 늦게 한다고 달라지는 건 없어.'라고 믿게 되는 것이다. 이런 생활이 반복되면 제 할 일도 책임지지 못하는 무책임한 아이가 되는 것은 물론 약속을 잘 지키지 않는 걸 당연하게 생각하게 된다.

그러면 어떤 결과가 나올지 상상할 수 있을 것이다. 오늘 할 공부를 내일로 미루고, 당장 해야 할 숙제를 나중으로 미뤄도 상관없으며, 현재에 충실하지 않게 된다. 내가 사회에서 만나는 사람들 중 일부는 약속을 소중하게 여길 줄 모른다. 마감일이 정해진 일인데도 제때 지키지 않아 일을 의뢰한 사람과 동료에게 불이익을 주는 사람도 많이 봤다. 나는 그들이 어릴 때부터 미루기, 핑계 대기에 익숙하도록 길러졌다고 생각한다.

✵ 결과가 가장 중요하다는 말

결과 지향적인 부모의 말이 아이의 생활태도를 나쁘게 만든다. 과정이야 어찌됐든 결과만 좋으면 된다는 논리 때문이다. "무조건 백점만 받아와. 해달라는 대로 다 해줄게. 성적이 오르기만 하면 돼. 다른 건 필요없어."와 같은 말들로 부모는 아이들이 결과에 치중하도록 만든다. 백점을 받기 위해서는 공부를 어떻게 해야 하고, 무슨 노력을 해야 하는지는 중요하지 않다는 생각 때문이다. 그래서 쉽게 성적을 올리기 위해 남의 답안을 보고 베끼는 부정 행위를 하는 것이다.

어떤 아이들은 밤을 새워 공부하고도 성적이 빨리 오르지 않는다. 성적이 오르지 않았으니 그 공부가 가치 없는 일인가. 노력만큼의 성과가 없다고 해서 그 노력이 가치 없다는 인식을 심어준다면 아이는 다시 노력할 의욕을 잃어버릴 것이다.

해마다 수학능력시험이 실시될 무렵이면 안타까운 기사가 줄을

잇는다. 입시 제도는 여러 차례 바뀌어왔지만 여전히 '입시 부정'이 계속되고 있기 때문이다. 내신 등급을 올리기 위해 단체로 부정 행위를 하는 고등학생들이 있는가 하면, 성적을 조작해주는 교사도 있다. 돈을 받고 수학능력평가를 대신 치러주는 대학생, 휴대폰과 이어폰 등을 사용해 답을 불러주다 들통 난 학원 강사도 여러 명 있었다. 대학을 입학한 뒤에 뒤늦게 부정 행위가 밝혀져 합격이 취소된 사례도 드물지 않았다. 내신이나 수학능력평가 등 직접적인 시험 성적에 대한 부정 외에도 온라인지원 사이트를 폭주시켜 지원 자체를 어렵게 만든 일도 있었다.

이런 사례들의 공통점은 '방법은 상관없이 무조건 대학에 들어가기만 하면 된다'는 의식이 깔려 있다.

부모의 결과 지향적인 말을 들으며 자란 아이는 동기를 잃어버리고 과정을 무시한다. '좋은 대학에 입학하고 싶으면 열심히 공부해서 성적을 올려야 한다'가 아니라 왜 대학을 가야 하는지는 모르면서 '수단과 방법을 가리지 말고 좋은 대학에 입학해야 한다'고 믿게 되는 것이다. 현명한 부모는 결과를 제시하는 사람이 아니라 아이가 노력할 수 있도록 동기를 부여하는 사람이다. 올바른 동기를 형성해야 과정과 결과도 바르게 나오는 것이다.

나도 내 아이가 경쟁 사회에서 지지 않기를 바라는 엄마다. 하지만 아이가 단지 이기는 것만을 목적으로 살아서는 안 된다고 생각한다. 이겨야 하는 이유를 알아야 하고, 스스로가 원해야 결과가 나오는 것이다. 또한 무조건 이겨야 한다는 생각은 친구들을 선의의 경쟁자가 아닌 적으로 인식하게 만들 수 있다. 그러므로 반드시 이겨라, 남에게 지지 말라는 말은 부모가 해서는 안 되는 말이다.

부모는 자녀가 '어떤 결과'를 위해 노력할 수 있는 '동기'를 부여하고 '과정'을 눈여겨봐야 한다. '모로 가도 서울만 가면 된다.'가 아니라 '정도'를 걸어가도록 지도해야 할 책임이 있기 때문이다. 또한 '남에게는 질 수도 있다. 하지만 너 자신에게는 절대 지지 마라.'라고 가르쳐줘야 한다. 그래야 실패를 맞닥뜨려도 다시 노력할 힘을 얻기 때문이다.

✿ 커서 뭐가 되려고 그래?

아이들은 무한한 꿈을 가진 존재다. 하루에도 몇 번씩 원하는 것이 달라지고, 자라서 이루고 싶은 꿈도 바뀐다. 어떤 아이는 어렸을 때 꿈이 소방관이 되는 것이었다. 뉴스에서 화재를 진압하는 소방관을 본 직후였는데 어린 눈에도 멋지게 보였던 모양이었다. 그래서 "엄마! 난 소방관이 될래. 너무 멋있다."라고 했다. 얼마 뒤에는 동물원에 가서 사자나 악어를 다루는 조련사를 보고 감탄했는지 "아무래도 조련사가 낫겠어. 진짜 멋있는 남자는 큰 동물도 겁내지 않아야지."라고 했다. 이렇듯 아이들의 꿈은 계속해서 바뀐다. 엄마는 그때마다 "그래? 멋진데?"라며 거들어줘야 한다.

부모는 자녀가 꿈을 키우도록 지켜보고 도와주는 사람이다. 아이가 원하는 것이 부모 눈에는 별로 대단해보이지 않아도 "그런 직업을 가져서는 안 돼. 더 큰 꿈을 가져야지."라고 말해서는 안 된다. 아이가 자라 직업을 가질 때까지는 최소한 20여 년이 걸리는 것이다. 그 동안 아이가 경험을 통해 배울 수 있는 것들을 미리 차단하고 규정할 필요는 없다.

내 친구는 딸아이가 부엌에서만 논다고 걱정이었다. 가전제품의 이름을 물어볼 때만 해도 단순한 어린애의 호기심이라 생각했다. 그런데 아이는 수년째 거실이나 베란다의 물품에는 관심이 없고, 부엌에서만 놀고 싶어 했다. 수시로 냉장고를 뒤지며 야채와 고기를 찾아보고, 엄마가 요리하는 걸 구경하며 돕는 일을 가장 좋아한다는 것이다. 결혼과 함께 전업주부로 집에 들어앉은 내 친구가 사회생활하는 친구들을 부러워하던 때였다. 그래서 어린아이의 부엌놀이 정도로만 그치지 못했던 것 같았다. '아무래도 이 아이가 내 전철을 이을 모양이야.'라는 것이 친구의 극단적인 생각이었다.

결국 친구는 딸아이를 부엌에서 쫓아내기로 마음먹었다. 학원을 보내고, 책 읽어주는 시간을 늘리고, 극장에도 데려갔다. 하지만 아이는 집에 돌아오면 다시 부엌으로 돌아갔다. 부엌에는 들어오지 말라고 여러 번 주의를 주었지만 아이가 듣지 않자, "대체 커서 뭐가 되려고 그러니? 부엌데기로 살려고 벌써부터 마음잡은 거야?"라며 야단을 치고 말았다.

아이의 집중력은 어른들의 그것과는 다르다. 그래서 고집 부리는 아이를 달래는 방법은 다른 데로 관심거리를 돌려주는 것이다. 아이는 새로운 관심거리가 생기면 곧 아까의 것은 잊어버리고 만다. 친구가 딸아이의 부엌 집착증에 대해 말했을 때 나는 "아이답지 않게 집중력이 뛰어난 것 같구나. 다른 애들 같으면 벌써 질리고도 남을 시간인데 몇 년씩이나? 나중에 커서 유명한 요리사가 되지 않을까?"라고 대답해주었다. 아이의 집중력에 대한 감탄은 사실이었다. 그러나 친구는 "요리사는 뭐, 아무나 되니? 나처럼 살까 봐 걱정이야. 공부에도 관심이 없는 것 같고."라며 한숨을 쉬는 것이다.

부모가 '하지 말았으면' 하고 바라는 일에도 아이는 관심을 가지고 몰두한다. 이는 신기하고 재미있기 때문이지 인생의 목표를 그쪽으로 정했기 때문이 아니다. 아이기 때문에 사방으로 호기심이 뻗어나가고 집중하지 못하며, 그 과정에서 실수도 연발하게 된다. 이런 일에 대해 부모가 너무 걱정할 필요는 없다. 크게 잘못될 일도 별로 없겠지만, 고쳐야겠다 싶은 잘못에 대해서만 교정을 해주면 되는 것이다.

부모가 "다른 꿈을 가져라, 그렇게 살지 마라, 커서 뭐가 되려고 그래?" 등으로 현재의 행동을 야단치면 아이는 당황한다. 친구의 아이만 해도 불장난을 했다거나 양념통을 엎어서가 아니라 '부엌에서 놀기' 때문에 야단을 맞은 것이니 얼마나 혼란스러웠을까 싶다. 이런 말들은 아이를 납득시키지 못하고 의욕 없는 아이로 만든다. 소금을 먹지 말라고 시키지 않아도 일단 짠맛을 본 아이는 다시 먹지 않는다.

예의 없는 아이로 키우는 말

내가 자랄 때만 해도 우리 친가 쪽은 매우 엄격한 유교적 전통을 고수하고 있었다. 지금이야 달라졌지만 그때만 해도 남자들과 여자들의 밥상이 따로 차려질 정도였다. 아버지는 할아버지, 삼촌과 겸상을 했고 할머니와 어머니, 우리 자매들은 나중에 먹는 게 일반적이었다.

할아버지가 돌아가신 뒤에도 집안의 어른인 할머니가 계셨으니 나도 내 친구들에 비해서는 엄격한 예절 교육을 받은 셈이다. 그러니 밥을 먹을 때 지켜야 할 것만 해도 너무 까다로웠다. 어른들보다 수저를 나중에 들어야 하고, 맛있는 반찬은 어른들이 드시도록 손을 대서는 안 되며, 수저와 젓가락은 한 손에 들지 말고, 국물을 마실 때는 소리가 나지 않아야 하며, 씹는 소리도 최대한 조심하고, 식사 중에는 말을 하지 말라는 것 등이었다. 심지어 밥보다 국을 먼저 먹거나 식사 도중에 물을 마시는 것도 주의를 들었다.

한번은 외출에서 돌아오신 아버지께 "저녁 식사 하셨어요?"라고 물었다가 할머니로부터 꾸지람을 듣고 밥을 굶은 적도 있었다. 뭐가 문제인지 몰라 울고 있는 내게 어머니는 "다음부터는 저녁 진지 잡수셨어요?"라고 여쭈라고 일러주었다.

요즘에는 이런 식으로 아이를 가르치는 집이 드물다. 가족계획 이후로 형제가 줄었고, 부모와 자녀로만 이뤄진 핵가족이 대부분이기 때문이다. 가족의 규모가 작아졌으니 구성원 간의 관계는 친밀해졌고, 지켜야 할 예절의 내용도 바뀌었다. 심한 경우에는 예절 불감증에 가깝게 신경을 쓰지 않는 집안도 많이 봤다. 하지만 나는 지나친 엄격함만큼이나 지나친 예절 불감증 역시 문제라고 생각한다.

❀ 하고 싶은 대로 해

언젠가 내가 탔던 택시에 한 모녀가 합승을 한 일이 있었다. 평소라면 합승하지 않았겠지만 서너 살 정도 되어 보이는 딸아이와 젊은 엄마가 택시 잡기 어려운 곳에서 손을 흔들었기 때문에 거절할 수 없었다. 나는 뒷자리에 앉아 있다가 모녀에게 자리를 양보하고 조수석으로 옮겨 탔다. 얼마나 시간이 지났을까. 내가 앉은 의자의 등받이를 차대는 발길질이 느껴졌다. 돌아보니 아니나 다를까, 아이가 발로 의자를 차는 것이다. 내가 돌아본 이유를 알 법도 한데 그엄마는 아이가 마냥 예쁘기만 한지 말릴 생각을 하지 않았다. 기분이 상하긴 했지만 나는 싫은 소리를 잘 못하는 편이다. 하물며 나도 아이를 키우면서 남의 아이에게 뭐라 타박을 주고 싶지는 않았다. 그래서 목적지에 내릴 때까지 자세를 이리저리 바꿔가며 언짢아했던 기억이 있다.

우리 가족은 주말 저녁에 고기 식당을 가끔 찾는 편이다. 갈비나 삼겹살을 먹는 식당은 온돌방처럼 꾸며진 공간이 많고, 아이를 동반한 가족들은 방석을 깔고 앉아서 먹는 게 편하기 때문에, 식탁보다는 밥상자리를 선호한다. 그러다보니 여기저기 뛰어다니는 아이들 때문에 불편한 상황을 겪는 일이 많았다. 뛰어다니며 먼지를 날리는 것도 그렇지만, 소리를 지르는 아이도 드물지 않기 때문이다. 젊은 사람들은 식당의 어수선한 분위기에 그냥 나가버리고, 다른 손님들이 흘낏거리며 쳐다보는 인상도 좋지 않다. 그런데 이상한 일은 아이들의 부모가 야단을 치기는커녕 무슨 기특한 일이라도 하는 양 흐뭇하게 웃기만 한다는 것이다.

어떤 아이들은 아예 창턱에 올라가 뛰기도 하고, 또 다른 아이들은 밥상 위에 올라가 앉아버린다. 수저통을 뒤엎고 밑반찬을 사방에 뿌려도 부모들은 거리낌이 없다. '내 아이가 무엇을 하든 당신들이 무슨 상관이냐?'란 심리가 만연해 있는 것만 같아 안타까웠다.

요즘 아이들은 형제가 많지 않다. 외동아이도 흔하고 많아야 대개 둘을 넘지 않는다. 그러다보니 부모의 애정과 관심이 아이에게 집중되는 일은 당연할 것이다. 문제는 애정 그 자체가 아니다. 애정을 표현하는 방식이 잘못되거나 도가 지나쳐 아이를 버릇없이 만드는 일이 흔하다는 데 있다. "네가 하고 싶은 대로 해. 네 마음대로 해."라는 말이 아이의 자신감을 키워준다는 건 부모의 잘못된 생각이다.

이런 부모들은 "어린애가 실수할 수도 있지 뭘 그런 걸 갖고 야단이냐?"라고 말한다. 물론 어린아이들은 예사로 실수하고, 예사로 넘어지며, 예사로 울음을 터뜨리거나 소리를 지른다. 그렇다고 해서 그것을 당연시해서는 곤란하다. 다른 사람들이 '아직 어리니까 그럴 수도 있지.' 라고 이해하는 데도 분명 한계는 있다. 자기 아이에게는 관대한 사람도 남의 아이의 버릇없음에는 신경을 곤두세우기 마련이다. 남이 내 아이에게 '버릇없다' 며 야단칠 구실을 만들지 않는 게 부모의 역할이다. 남에게 피해를 주지 않으려는 최소한의 예의를 지키는 것만으로도 아이는 밖에 나가 더 사랑받을 수 있다.

✿ 아이는 상전이 아니다

한 친구네는 남매를 두었는데 아이들이 어렸을 때부터 '첫째는 왕자, 둘째는 공주'라고 불렀다. 공주놀이를 좋아하는 작은아이는 특히나 공주로 불리는 것을 좋아했다. 그런데 아이들이 어느 정도 자란 뒤 엄마에게 재미있는 질문을 하더란다. "엄마! 내가 공주고 오빠가 왕자면 엄마 아빠는 임금님이랑 왕비님이야?"라는 말이었다. 거기까지는 생각이 미치지 못했으나 친구는 왕비가 된 기분이 괜찮았단다. "물론이지. 엄마는 왕비님이야. 여태 몰랐어?"라고 말해줬더니 아이들이 제 부모를 "임금님, 왕비님"이라 불러주기도 하고, 때로는 "그거 말고 어마마마, 아바마마라고 하는 거야."라며 사극 흉내를 내기도 하더란다. 그래서 한동안 친구네 가족은 정말 왕족이 된 것처럼 서로를 부르며 즐거워했단다.

우리 아이들에게 '공주님, 왕자님'이라고 부르는 호칭은 소중하다는 표현이다. 부모에게 공주와 왕자처럼 귀한 아이니까, 다른 사람에게도 그렇게 대우받기를 바라는 마음도 담겨 있다. 그렇다면 자녀를 공주나 왕자로 키우는 부모는 왕과 왕비가 되는 게 맞을 것이다. 서로를 귀하게 여기고 소중하게 대하는 관계는 그렇게 만들어진다. 그런데 많은 부모들이 자녀를 '공주님, 왕자님'으로 떠받들기 위해 신하가 하인이 되어가고 있다.

영환이네 가족은 아이를 너무 떠받든 나머지 감당할 수 없는 정도가 되었다. 내년이면 초등학교에 들어갈 나이였지만 영환이는 스스로 하는 게 아무것도 없었다. 밥을 먹을 때도 "밥!"이라고 하면 엄마나 할머니가 먹여줬고 "물!"이라고 하면 물을 갖다 줬기 때문이다. 아이는 고작 일곱살의 나이지만 집안의 어른처럼 행세하고 있었다.

영환이 가족이 이렇게 된 데는 사연이 있었다. 워낙 손이 귀한 집안에 태어난 외동아들인데다, 함께 사시는 영환이 할머니의 지극한 사랑 때문이었다. 아이가 요구하는 게 무엇이든 할머니는 "할미가 다 해줄게, 뭐 먹고 싶어? 뭐 갖다 줄까?"라고 무조건 따라줬기 때문에, 아이는 자기 말이 최고라고 믿게 되었다. 가끔 영환이 엄마가 아이의 버릇을 고쳐야겠다고 야단을 치려 하면 아이 할머니가 앞장서서 변호를 해줬다. "영환이가 잘못한 게 뭐가 있다고 그러니? 네가 조금만 더 신경 쓰면 되지. 어린애 말을 들어주는 게 뭐 어렵다고."라고 편을 드니 아이 엄마도 따르게 되었다고 했다.

영환이는 아직까지도 스스로 옷을 입거나 양치질을 할 줄 모른다. 자신이 원하는 것은 다 들어주는 부모와 할머니가 있기 때문에 굳이 배울 필요가 없었다. 아이의 입학일은 다가오면서 영환이 가족은 고민이 많아졌다. 집에서 아무것도 안 해본 아이가 학교에 들어가 적응할 일이 걱정되기 때문이었다.

아이를 집안의 상전으로, 작은 폭군으로 만드는 일은 간단하다. 아이와 갈등을 만들지 말고, 원하는 것은 뭐든지 들어주고 손발처럼 돌봐주면 된다. 하지만 일단 습관이 되어버리면 이를 고치는 데는 몇 배의 힘든 노력이 필요하다. 이 과정에서 아이는 정서적 혼란과 부모에 대한 배신감을 느낄 수도 있다.

"엄마가 다 해줄게, 필요한 건 뭐든지 말해."와 같은 말은, 우리의 소중한 왕자와 공주를 집안의 지배자, 폭군으로 만들 수 있다. 자신이 최고라고 믿게 되어 막무가내로 원하고, 노력하지 않으며, 가족들 위에 군림하고자 하기 때문이다. 이런 아이들이 밖에 나가서 다른 어른들을 존중할 가능성은 없다.

❀ 네 잘못이 아니야

'우리 부모님은 항상 내 편이야.'라는 믿음을 자녀에게 심어주는 일은 중요하다. 필요하다면 "네가 무엇을 하든 우린 항상 네 편이라고 믿어라."라고 직접적으로 말해줘도 좋다. 아이들은 부모가 자신의 편이라고 믿으면 자신감을 얻고 마음이 안정된다. 하지만 '아이 편'이 되어준다는 의미는 아이의 판단이 백 퍼센트 옳기 때문에 하는 말이 아니다. 아이가 실수를 하거나 잘못을 저질렀을 때도 곁에 있어 주겠다는 의미인 것이다. 따라서 아이가 잘못된 판단을 내렸을 때 지적해주고 올바른 판단을 할 수 있도록 돕는 일 역시 부모의 역할이다.

초등학생인 미경이는 엄마가 항상 자기편이라고 믿어온 아이다. 미경 엄마는 "네가 무슨 일을 겪든, 어떤 상황에 놓이든 네 편이 되어 줄 거야."라고 항상 말을 해왔다. 어느 날 학교에서 돌아온 미경이가 무슨 일로 화가 났는지 잔뜩 골이 나 있었다.

"왜 그래, 미경아? 학교에서 무슨 일 있었어?"

"응. 정숙이는 바보, 멍텅구리야. 재수 없어 죽겠어."

"어머, 무슨 일이 있었기에 재수 없다는 말까지 하는 거야?"

"걔 오늘 생일이거든. 생일 파티를 크게 한다는데 날 초대하지도 않았어."

아이들의 생일 파티야 별로 중요하지 않다고 여기는 미경 엄마는, 아이의 비위를 맞춰주기로 결심했다. 일단은 미경이의 기분이 풀어지는 게 먼저라는 생각에서였다.

"그랬어? 정숙이라는 아이가 정말 바보인가 보다. 우리 미경이를 생일 파티에 초대하지 않았단 말이야? 걔랑 놀지 마. 나중에 미경이 생일 파티에도 정숙이는 초대하지 말자."

미경이 엄마의 선택은 아이의 상한 기분을 위로하자는 것이었다. 그래서 미경이가 바라는 대로 정숙이를 바보로 만드는 데 손을 들어주었다. 아이의 편이 되어줌으로써 속상한 마음을 달래주면 모든 게 해결된다는 생각 때문이었다. 좀 더 진지한 부모라면 정숙이가 어째서 미경이를 초대하지 않았는지를 의아해하고, 그 이유가 혹시 미경이에게 있지 않았는지를 따져봤을 법도 하다. 그러나 아이 편을 들어주기에 바쁜 부모는 그런 데까지 생각이 미치지 못한다.

이것은 아이들 또래집단의 단편적인 예일 뿐이다. 하지만 아이들이 어른들을 상대로 하는 실수에도 똑같이 반응하는 부모들이 많다. "아저씨가 반말 쓴다고 뭐라고 해."라는 아이의 말에 "언제 봤다고 존댓말을 쓰래? 나이 먹으면 나이 값을 해야지."라는 식으로 얼토당토 않은 설명을 하는 부모를 자주 봤다. 아이가 실수를 해도 상대방의 잘못이라 말하며 편을 드는 것은 진정으로 아이를 위하는 일이 아니다.

절망으로 이끄는 말

내가 고등학교 1학년 때 우리 담임선생님이 자주 쓰셨던 말이 "너희들한테 실망했다."라는 말이었다. 주로 우리 반 아이들의 성적이 만족스럽지 못할 때 쓰는 표현이었다. 인문계 고등학교 선생님이니 학생들의 성적이 제일 큰 관심사였을 것 같기는 하다. 그래서 반평균이 기대치에 못 미치거나 아이들의 등수가 떨어지고, 성적이 떨어질 때마다 "정말 실망이다. 대학은 어떻게 가려고 그러니?"라고 말씀하셨다.

다른 아이들은 어땠는지 모르지만 난 그 말이 정말 듣기 싫었다. 사람이 사람에게 실망했다는 말처럼 무서운 말이 또 있을까. 그때부터 내가 가장 듣기 싫어하는 말이 "너에게 실망했어."가 되었다. 이후로 나는 누군가 내게 실망하지 않도록 노력해왔다. 그래도 쉽지는 않은지라 친구로부터, 부모님으로부터 그런 말을 들을 때면 어김없이 큰 상처를 받았다.

나는 아무리 화가 나도 내 아이에게 "실망했다."란 말은 하지 않는다. 실망을 하기에는 아이에게 열려 있는 가능성이 너무 크기 때문이다. 또한 실망했다는 말을 듣는 아이가 나처럼 상처받지 않기를 바라는 마음도 있다. 실망은 곧 기대하는 바가 없다는 의미이니, 얼마나 사람을 좌절하게 만드는 말인가.

✿ 넌 나쁜 아이야

아이들은 어릴 때부터 이렇게 하면 착한 아이고, 저렇게 하면 나쁜 아이라는 말을 듣고 자란다. 어찌 보면 지나치게 양분법적 사고

이기도 하다. 세상에는 착하고 나쁜 것만 있지 않기 때문이다. 흔히 우리가 흑백으로 나누는 검정과 흰색 사이에도 명도가 다른 틀린 회색이 수없이 존재한다. 감정도 마찬가지여서 '좋음과 나쁨' 사이에는 무수한 중간 지점이 있게 마련이다.

아이가 유치원에 다닐 때 '착한 아이, 나쁜 아이'라는 수업이 있었다. 수업 전에는 숙제도 있었는데 어떻게 해야 착한 아이이고, 어떻게 하면 나쁜 아이인지를 알아오라는 것이었다. 친구들과 사이좋게 지내는 것, 힘든 사람이 있으면 도와주는 것, 떼를 쓰지 않는 것, 장난감 정리를 잘하는 것, 동생을 돌봐주는 것 등을 '착한 아이'에 적어 갔다.

유치원을 마치고 돌아온 아이의 손에는 '부모님 말씀을 잘 듣는 것, 친구들과 사이좋게 지내는 것, 유치원에 빠지지 않는 것, 반찬 투정을 하지 않는 것' 등이 '착한 아이'로 적혀 있었다. '나쁜 아이'는 욕심 부리는 것, 장난감을 혼자만 가지고 노는 것, 친구나 동생을 때리는 것, 거짓말 하는 것 등이 적혀 있었다.

아이들은 가르치는 대로 받아들이기 때문에 '착한 아이, 나쁜 아이'에 해당하는 일이 벌어질 때마다 내게 묻곤 했다. "엄마! 밥을 안 남기고 다 먹었으니까 나는 착한 아이지?"라는 식이다. 혹시 실수를 하면 "엄마! 친구랑 싸웠으니까 나는 이제 나쁜 아이야?"라고 물었다.

우리 마을에 사는 정은이 엄마는 아이가 잘못을 저지를 때마다 "엄마 말을 안 듣는 아이는 어떤 아이지?"라고 물었다. 아이는 울상이 되어서 "나쁜 아이"라고 대답하곤 울음을 터뜨렸다. "잘못했는데 안 고치고 울기만 하는 아이는 어떤 아이지?"라고 엄마가 물으면 정은이는 "나쁜 아이야."라고 대답하면서도 울음을 그치지 못했다.

아이들은 '나쁜 아이'라는 말을 정말 듣기 싫어 한다. 그냥 싫어하는 게 아니라 겁을 내고 무서워하는 것이다. 왜냐하면 아이들의 세계는 '착한 아이'와 '나쁜 아이'로 나뉘기 때문이다. 가장 나쁜 아이가 바로 자신이라는 생각은 아이를 절망하게 만든다. 어떤 부모들은 아이가 속을 썩이거나 시키는 대로 하지 않을 때 "넌 나쁜 아이야. 왜 엄마 말을 안 듣니?"라고 말하면 아이가 깨닫고 고친다고 생각한다. 사실은 그렇지 않다. 아이는 당장에 '나는 나쁜 아이구나.'라며 좌절하고 큰 상처를 입을 뿐이다.

✹ 실망했다는 말

'실망'이란 말 그대로 바라지 않는다는 것, 소망을 잃어버렸다는 의미다. 그래서 상대에 실망했다는 말을 할 때는 포기한다는 말이 포함되어 있다. 바라는 바를 잃었으니 더 이상 기대하는 바가 없다는 뜻이기도 하다. 사람 사이의 관계에서 서로 바라는 것이 없다면 이미 관계는 끝난 것이나 다름없다. 부모가 아이에게 실망했다고 말하지 않아야 하는 이유가 여기에 있다.

지수 남매는 평소에는 같이 잘 놀다가도 종종 싸운다. 나이 차가 많지 않은 남매지간은 싸우면서 오히려 정이 드니 크게 걱정할 필요는 없다. 문제는 서로에게 상처 주는 말을 아무렇지도 않게 쓰는 일이다. "너에게 정말 실망이야."라고 오빠가 말하자 "나도 오빠에게 실망했어."라고 동생이 대꾸를 한다. 지수 엄마는 마음 같아서야 당장에 달려들어 "실망했다는 말은 함부로 하는 게 아니야. 그런 무서운 말을 겁도 없이 쓰니?"라고 야단을 치고 싶었지만 아이들이 평온한 시간이 오길 기다리기로 했다.

아이들이 쓰는 말은 의미를 제대로 모르고 하는 경우가 대부분이다. 그렇다면 말을 어디서 배웠는지 물어보고 회유책을 써서 가르쳐야 한다. "실망했다는 말을 다 아네? 어디서 그런 말을 배웠지? 어려운 한자말인데." 그러면 아이들은 TV에서 봤다거나, 선생님이 그렇게 말한다거나 엄마가 아빠에게 하는 말을 들어서 배웠다며 자랑스럽게 말해준다. 그 말을 엄마에게서 배웠다고 할 때 엄마는 마음이 뜨끔할 것이다. 아이들에게는 절대로 하지 말아야지 하면서도 남편이나, 또는 다른 사람에게 쓰는 경우가 있다는 사실 때문이다. 그리고 그런 좋지 못한 말을 내 아이들이 배워서 쓰게 했다는 책임감에 괴로울 것이다.

그럴 때는 "실망했다는 말은 별로 좋은 말이 아니란다. 친구랑 싸워서 미운 마음이 들더라도 너희가 그런 말을 안 썼으면 좋겠다. 그런 말은 화해할 수 없을 정도로 미운 사람에게 쓰는 말인데, 친구나 동생과는 다시 화해할 거잖아. 가능하면 안 쓰는 게 좋은 말도 있는 거거든." 이렇게 일러주면 아이들은 놀라면서도 배우게 된다. "정말? 몰랐어. 그냥 싸울 때 하는 말인지 알았어."라는 아이의 답변을 들을 수 있을 것이다. 그리고 아이들은 앞으로 형제 간에 싸울 일이 있어도 '실망했다' 란 말을 함부로 쓰지 않게 될 것이다.

부모가 쓰지 않아도 아이들은 여러 창구를 통해 좋지 못한 표현을 배울 수 있다. 매스컴에 노출되어 있고, 밖에 나가서 새로운 사람을 만날 때마다 다른 표현을 배우기 때문이다. 그래서 부모는 아이들이 사용하는 말에 관심을 가져야 한다. 의미를 모르면서 다른 사람에게 상처가 되는 말을 하는 아이는, 나중에 그 말의 의미를 알게 되었을 때 상처를 받는다.

특히 부모로부터 실망했다는 말을 듣고 자라는 아이들은 자신감을 잃고 절망에 빠진다. '우리 엄마 아빠는 내게 기대하는 게 없어. 내가 뭘 하든 관심이 없는 거야. 난 엄마 아빠를 실망시키기만 해.' 라는 뿌리 깊은 절망감은 아이를 성장할 수 없게 만든다.

✿ 마지막이라는 말

'처음' 이라는 말은 모든 일의 시작이며, 앞날에 대한 기대로 설레게 하는 희망적인 단어다. 반대로 '마지막' 이라는 말은 끝을 의미하며, 더 이상 나아갈 길이 없다는 종결의 느낌을 가지고 있다. 그래서 '첫 번째 기회' 라는 말은 무한한 가능성을 주지만 '마지막 기회' 라는 말은 사람을 절박하고 초조하게 만드는 것이다.

그래서 우리 아이들에게 해서는 안 될 말이 '마지막' 이다. 나쁜 습관을 고쳐주려는 부모가 "한번 더 기회를 줄게. 대신 이번이 마지막이야." "오늘은 엄마가 야단치지 않을 거야. 하지만 이게 마지막이야. 다음에는 용서 없어."라는 말을 하지 말아야 한다. 마지막이라는 말은 종결을 뜻하기 때문에 어떤 결과를 낳던지 긍정적이지 못하다. 왜냐하면 '마지막 기회'라고 말해놓고 다음에 같은 상황이 닥쳤을 때 똑같이 행동한다면 부모에 대한 불신을 키우기 때문이다. '우리 엄마는 항상 마지막이라고 말하지만 마지막인 적은 없었어. 다음에도 또 그렇겠지.'라고 생각하니 부모의 신용이 떨어질 수 있다. 또한 부모의 신용을 위해 '마지막'이 정말 마지막이 된다면 아이들은 상처를 받는다. 관대하지 못한 부모, 기댈 수 없는 부모를 바라는 아이는 없기 때문이다.

용하는 소문난 개구쟁이였다. 집 안에서 뛰어다니며 어지럽히기 선수였고, 유치원에 가서도 여자아이들을 괴롭히는 일이 많았다. 여자아이들의 부모가 용하 엄마에게 항의하는 일이 잦아졌다. 보다 못한 용하 엄마는 아이를 제대로 야단쳐야겠다고 생각했다. "네가 계속해서 여자아이들을 괴롭힌다면 엄마는 집을 나가버릴 거야. 이게 너한테 주는 마지막 기회야. 알아들었어?" 용하 엄마의 냉정한 말에 용하가 울음을 터뜨렸다.

이후 용하의 행동은 달라졌다. 아이들과 싸우는 일이 없었고, 여자아이들을 괴롭히는 일도 줄어들었다. 혹시라도 엄마가 집을 나갈 일이 벌어질까 봐 전전긍긍하니 용하의 행동은 부자연스러웠다. 용하 엄마는 자신의 말이 먹혔다고 좋아했지만, 용하는 계속 불안해했다.

일전에 남편과 다투면서 나도 모르게 "이번이 마지막이야. 다음번에 또 이러면 가만 안 있을 거야."라는 말을 했던 모양이다. 당장 감정이 상해서 뱉어놓은 말이었고 그날 이후로 다시 그 얘기가 나온

일은 없었다. 한참 시간이 지난 뒤 남편이 그날 일을 꺼내기 전까지는 내가 그런 말을 했다는 사실도 잊고 지냈다. "당신이 그때 마지막이라고 해서 내가 얼마나 상처 받았었는지 모르지?"라는 남편의 말에 "내가 그런 말을 했었어? 기억 안 나는데."라고 대답했다. 충동적으로 말했던 사람은 잊어버리지만 그 말을 들은 사람은 상처로 남는다. 아이들에게 상처 입히는 일은 부모들 자신에게 상처 입히는 일이다. 아니, 아이에게 상처를 주었다는 사실을 알게 된 부모는 더 크게 상처 받는다. 우리 아이들이 언제고 다가와서 기댈 수 있기를 원한다면 '마지막' 이라는 말을 경계하자. 모든 부모에게 아이들은 언제나 가능성이고 희망이고, 첫 번째이며 늘 새로운 시작이기 때문이다.

4

부모의 말은
마음의 창이고
실천의 문이다

세대 차이의 벽은 아이보다는 부모의 노력이 더 필요하다.

아이가 좋아하는 것을 같이 좋아해 보고 요즘 유행하는 것들에 대해

아이의 조언을 구하면 아이는 아마 신이 나서 설명을 해 줄 것이다.

부모가 자신이 바라보는 곳을 보고, 같은 것을 좋아하고,

같은 언어를 사용한다면 아이는 쌓아올린 벽의 벽돌을 스스로 한 장씩 내려놓는다.

사람의 얼굴에는 일곱 군데의 구멍이 있다. 눈과 귀, 코와 입이다. 입을 제외하고는 모두 구멍이 두 개씩이다. 왜일까? 아마도 많이 보고, 많이 듣고, 많이 느끼며 살되 말은 아끼라는 것일지도 모른다. 하지만 눈을 아무리 부릅떠도, 두 개의 귓구멍이나 콧구멍을 합쳐도 벌린 하나의 입보다 작다. 왜일까? 그것은 할 말은 크게 하며 살라는 뜻일 것이다.

말이란 한 사람의 인생을 넘어서 때론 세계의 역사를 바꾸기도 한다. 그 어떤 무기보다도 강력한 힘을 가지고 있다. 갓난아기는 울음소리로 아픔과 배고픔을 표시하고 조금 더 자란 어린아이들은 행동으로 자신의 의사를 전달하지만 말문이 트이기 시작하면 그때부터 어른들은 아이의 말 한마디에 즐거워하기도 하고 놀라기도 한다.

아직 어떤 말이 좋은지, 무슨 말은 해야 되고, 해서는 안 될 말은 무엇인지 모르는 아이들은 자신의 귀로 들어오는 모든 단어들을 그저 스펀지처럼 빨아들이고 다시 뱉어낸다. 처음부터 뜻을 알고 쓴다기보다는 우선 말을 쏟아놓고 주위의 반응으로 좋은 말인지 해서는 안 되는 말인지 구분하기도 한다.

그러므로 아이가 나쁜 말을 했다고 해서 바로 눈을 동그랗게 뜨고 심각하게 놀라는 표정을 지을 필요는 없다. "너, 그런 말 어디서 배웠어?" 하는 식으로 다그쳐서는 안 된다. 왜냐하면 아이는 어차피 그 말의 뜻을 잘 모르기 때문이다. "처음 듣는 말이네, 하지만 다른 사람에게 쓰면 굉장히 기분 나빠할 거 같아. 너는 무슨 말 들었을 때가 제일 기분 나쁘니?" 하고 되묻는다면 아이는 그동안 자신이 알고 있었던 단어를 열심히 머릿속에서 골라 대답을 한다. 그러면서 자신이 그런 말을 들었을 때의 기분을 상기하게 된다.

그럴 때 "방금 네가 했던 말을 누군가에게 한다면 그 사람도 너처럼 기분이 나빠졌을 거야."라고 말하면 아이는 그것이 안 좋은 말이고 하지 말아야 한다는 것을 알게 된다. 이렇게 함으로써 말이 상대방에게 어떤 영향을 끼치는지 아이 스스로 생각하게 도와줄 뿐만 아니라 입장 바꿔 생각하게 하는 힘도 길러준다.

무조건 다그치거나 혼을 낸다면 아이는 주눅이 들어 다음엔 어떤 말을 해야 혼나지 않을까를 먼저 생각하게 되어 하고 싶어도 말을 아끼는 상황이 생기게 된다. 결국 말수가 적어지게 되는 것이다.

아이는 유치원과 학교를 다니면 많은 사람들과 친구가 되고 그들과 대화를 나눔으로써 새로운 말을 익힌다. 하지만 그들보다 더 대화를 많이 하는 사람이 가족이며 부모다. 아이들은 부모가 하는 말을 대부분 듣고 따라한다. 그러므로 우선 부부끼리 주고받는 말이 중요하다.

부모가 모르는 아이들의 말

나의 학창 시절에는 문장을 줄여서 말하는 것이 유행이었다. 가령 '옥떨메'란 말은 '옥상에서 떨어진 메주'의 줄임말이고 '엉뚱해'란 말은 '엉덩이가 뚱뚱해'의 줄임말이다. 요즘의 '열공'과 같은 맥락이다.

우리는 서로 그런 말을 하면서 같은 세대끼리의 동질감, 유대감 같은 걸 느끼곤 했다. 여러 세대와 어우러져 살아가면서도 그들과는 다른 우리들끼리 공유할 수 있는 테두리가 있다는 건 왠지 기분이 좋은 일이었다. 어느 선 이상을 그들이 침범하지 못한다는 사춘기적 우월감이라고나 할까.

나는 부모님에게 그런 언어로 소통을 해본 적이 없다. 부모님은 삶에 지쳐 있었고 새로운 언어를 받아들일 만큼 여유가 있지 않았다. 내가 부모님께 그런 말들을 해도 함께 웃어주지 못했기 때문에 어느 정도 말의 장벽이 생겨 있었다. 그것은 좋은 일이 아니다. 왜냐하면 그만큼 부모와 나 사이에는 서로 사랑하는 마음은 있어도 함께 공유할 수 있는 마음이 적다는 것이기 때문이다. 같은 말을 쓰고 그것을 같이 공감할 수 있을 때 아이들은 부모를 동지로 받아들이게 되고 속마음을 열어준다.

말은 그 시대의 흐름이다. 뜻은 같을지라도 세대에 따라 말이 달라지기도 하고 변종이 생기기도 한다. 또한 새로 발명되거나 새로운 상황에 맞게 거의 무차별적으로 신종 언어들이 태어나고 있다.

✹ 아이들의 언어를 배우자

물론 몰라도 세상을 살아가는 데 아무런 문제가 없는 말들이다. 그러나 아이와 친해지고 싶고 아이들을 이해하고 싶다면 세상이 어떻게 돌아가고 있는지에 관심을 가져야 할 것이다. 아니, 세상 돌아가는 일에 별 관심이 없어도 내 아이가 어떠한 말들을 쓰고 있으며 무슨 뜻인지 정도는 알고 있어야 아이들로부터 무시당하는 일이 없다. "에이, 엄마는 그것도 몰라?" 하고 아이가 핀잔을 준다면 기분이 나쁘고 어른으로써 자존심이 상할 수도 있겠지만 그렇다고 아이들을 비난하거나 화를 내서는 안 된다.

우리는 누군가에게 물어보는 것을 별로 좋아하지 않는다. 그것은 나의 무식을 드러내는 꼴이 되기 때문이다. 하지만 아이들에게는 다른 말을 한다. 학교에서 배운 것이 있는데 어떤 부분은 잘 모르겠다는 말을 했다면 아이에게 어떤 말을 하겠는가. 나는 아이가 이런 것이 궁금했다고 말을 하면 "왜 선생님에게 물어보지 않았니? 잘 모르는 부분이거나 궁금한 게 있으면 바로 선생님에게 질문을 해야지. 모르는 건 부끄러운 게 아냐. 평생 모르고 사는 게 더 부끄러운 거지, 안 그러니?"라고 말한다.

그런데 정작 나는 그러질 못했다. 누군가와 대화를 나누는데 모르는 단어가 나오거나 일을 할 때 잘 모르는 부분이 있어도 짐짓 아는 척 혼자 해결해 보려고 하다가 낭패를 보기도 한다. "그게 무슨 뜻이죠?" 하고 물어보는 게 왠지 자존심이 상하고 부끄럽다는 생각이 앞섰던 것이다. 말했듯이 물어 보는 것은 잠깐이고 한번만 부끄러우면 영원히 더 이상 그 일로 인해서는 창피를 당하지 않을 수 있다. 설령 아이들일지라도 모르는 것이 있으면 물어보는 게 당연하다.

특히 아이들은 부모가 자신들의 세계에 관심을 가지면 매우 좋아하고 적극적으로 가르쳐주려고 한다. 부모가 자신들과 같은 세계에 존재한다는 유대감을 갖게 되는 것이다.

얼마 전 친구네 집에서 있었던 일을 들었다.

아이가 학교에서 돌아왔다. 수학경시대회 결과가 나오는 날이었다. 엄마가 "시험 어땠니? 잘 나왔어?"라고 말하자 신발을 벗던 애가 실없이 웃으며 고개를 젓더니 "OTL, OTL." 한다. 그리곤 조금 있다가 "유유, 유유." 하는 게 아닌가.

그게 뭐냐고 묻자 애가 눈을 동그랗게 뜨며 "그것도 몰라?"라는 것이다. 그래서 엄마도 눈을 동그랗게 뜨며 "응, 몰라." 했더니 애가 갑자기 엎드리는 것이다. 고개를 숙이고 두 팔은 뻗어 땅을 짚고 무릎을 꿇었다. "잘 봐, 머리는 O, 가로로 뻗은 몸통하고 세운 팔은 T, 다리 모양은 L이잖아." 하고는 그래도 엄마가 잘 알아듣지 못하자 "좌절하는 모습이잖아." 하고는 종이와 연필을 가져오더니 글자를 쓴다. "봐, 사람이 좌절하는 모습하고 똑같지?" 어쩌면 이리도 자세히 설명을 잘 해주는지. '유유'는 문자에서 'ㅠㅠ', 즉 우는 표시를 말로 하는 것이라고 한다. 그러더니 아예 다른 것도 가르쳐주겠다며 호들갑이다.

"아니, 내가 원한 건 이게 아냐, 내가 뭘 물어 봤었지?"

엄마가 어림없다는 표정으로 정색을 하자 아이는 다시 난감해한다. 친구는 시험 점수를 별로 중요하게 생각하지 않기 때문에 그것으로 혼나는 일이 없다.

그래도 미안한 마음은 드는지 우선 엄마에게 다짐을 받는다. "엄마, 대신 놀라지 마. 알았지?" 하더니 점수를 말한다. 친구는 슬픈 표정을 지으며 "유유, 유유."를 외쳤다. 아이가 웃으며 엄마 팔을 잡는다. "엄마, 다음엔 진짜 열심히 공부해서 잘 볼게, 응?" "알았어, 하지만 알지? 며칠 간은 이름이 바뀐다, 실시!" 아이가 다시 좌절한다. 친구네 집에서는 시험 점수가 며칠간 이름 대신 불리게 된다.

❀ 아이들의 언어를 비난하지 말자

"왜 좋은 한글 놔두고 그따위 말들을 쓰는지 원, 세종대왕이 하늘에서 보고 얼마나 속상하겠니?"와 같은 말을 한다면 아이들과 소통하는 것은 포기해야 한다.

아이들은 유행에 민감하고 그 중심에 자신이 있기를 원한다. 그들의 언어를 비난하는 것은 그 말을 사용하는 자신의 아이를 비난하는 것과 같다. 아이가 부모로부터 자신이 비난을 받고 있다는 생각을 가지게 해서는 안 된다. 하지만 유행하는 언어라고 해서 모두 좋은 뜻만 있는 것은 아니다.

혹시라도 아이의 입에서 낯선 단어가 튀어나올 때는 "처음 듣는 말이네, 무슨 뜻이니?" 하고 물어보아야 한다. 뜻을 모른다고 한다면 우선 알게 해야 한다. 모르는 말을 함부로 사용했을 때 어떤 일이 생길지에 대해 상상하게 하는 것이다. "너는 뜻도 모르고 어떤 말을 했는데 만약 그게 욕이라면 상대방은 어떨까? 물론 상대방은 그 뜻을 알고 있다면 말이야. 굉장히 불쾌하고 너에 대해 안 좋은 감정을 가지게 될 수도 있겠지?"

만약 뜻을 알면서 사용한다면 아이도 그것이 나쁜 말인지 좋은 말인지 알고 있다는 것이다. 그러므로 나쁜 말일 경우에는 대답하기를 주저하게 된다. 그때 "넌 그게 나쁜 말인 줄 알면서도 쓴단 말이니? 도대체 그런 말은 어디서 배워오는 거야?"라고 고함을 치거나 "네 주변에는 그런 애들만 있니? 그런 말 쓰는 애들이랑은 어울리지 말랬지?"라는 식의 비난은 하지 않는 것이 좋다. 그런 식으로 아이의 말에 간섭을 하고 비난을 한다면 아이는 두 가지 언어를 가지게 된다. 집에서 부모 앞에서 사용하는 말과 밖에서 통하는 친구들끼리 하는 말로 말이다.

'나는 내 아이에 대해 모르는 게 없어, 내 아이는 나쁜 말은 절대 하지 않아.' 정말 그럴까. 아이를 덮어놓고 의심하자는 게 아니라 부모 앞에서만 쓰지 않고 다른 곳에서는 사용하는 그런 아이로 만들지 말자는 것이다. 무조건 해서는 안 된다는 식이 아닌 어느 정도는 허락을 하지만 지나치게 해서는 안 된다는 주의를 주면 아이는 알아듣는다.

체육관에 갔다가 돌아온 영희는 급하게 엄마를 불렀다.

"엄마, 오빠가 사범님하고 놀다가 사범님한테 장난까지 말라고 했다, 그거 나쁜 말이지?"

"좋은 말은 아닌 거 같지만 친구끼리는 충분히 할 수 있는 말이야. 하지만 사범님한테는 좀 아닌 거 같은데, 우리 아들도 그런 말을 할 줄 알다니 놀라운데?"

만약 여기에서 영희 엄마가 "감히 어른에게 그 따위로 말하다니 그분이 얼마나 버릇없다고 생각하겠니? 부모가 못 가르쳐서 그런다고 생각할 거 아니야! 부모 욕 먹일 짓을 했구나."라고 말한다면 아이는 동생 때문에 꾸중을 들었다고 생각하게 되어 동생을 미워할 것이고 체육관에 가서도 마음 놓고 노는 것을 주저하게 될지도 모른다. 왜냐하면 아이들은 엄마의 말에 신경이 쓰이기 때문이다.

하지만 영희 엄마가 "오, 놀라운데." 하며 자신의 얼굴을 아이 얼굴에 바짝 들이대니 아이는 피식 웃으며 고개를 옆으로 돌리지만 기분이 나쁜 표정은 아니게 된다. 아이는 체육관에서 앞으로도 여러 사람과 재미있게 놀겠지만 분명 말은 가려서 해야 한다는 것을 스스로 판단할 것이다.

✵ 어른들이 모르는 아이들의 말

요즘 우리 아이들은 무슨 말을 사용하고 있을까. 우리도 아이들의 언어 세계를 잠시 들여다보자.

- 펌킨족 : 펌질(퍼나르는 행위)을 좋아하는 사람을 나타내는 말. 펌과 KIN(즐겁다)그리고 집단을 나타내는 말(족)의 합성어이다.
- KIN : 옆으로 읽으면 '즐' 자와 같음. '즐' 은 '즐겁다' 의 줄임말.
- 뽀샵질 : 포토샵으로 사진을 예쁘게 꾸미는 일.
- 셤 : 시험의 줄임말.
- 조낸 : '정말, 매우, 굉장히' 라는 뜻. 좋은 뜻으로 쓰이지는 않는다.
- OTL : 좌절하다. (비슷한 말 : orz)
- 열공 : 열심히 공부하자.
- 도촬 : 몰래 사진을 찍는 것. 도둑 촬영의 줄임말.
- 출첵 : 출석 체크의 줄임말.
- 뽀대나다 : 폼나다. 멋있다. (비슷한 말 : 간지나다)
- 쌩까다 : 모른 척하다.
- 고고씽 : ~에 가자. (예 : 학교로 고고씽 = 학교로 가자)
- 안습 : 안구에 습기 차다.
- 지대 : 제대로.
- 완소 : 완전 소중한.
- 훈남 : 훈훈한 남자.
- 쌩얼 : 화장을 하지 않은 맨 얼굴, 안경을 벗은 얼굴.

아이들이 모르는 부모의 말

우리 세대는 대부분 어른들의 말을 따라하고 답습하며 살아왔다. 하지만 어느 시점부터 사회는 급하게 변화를 거듭하며 새로운 언어들이 쏟아져나오기 시작했다. 어른들의 말에만 익숙해져 있던 사람들에게 새로운 단어들은 낯설고 차가운 느낌이 들 수밖에 없지만 그 단어들을 배우고 자란 아이들 세대에서는 자연스런 단어들이다. 그에 따라 우리와 함께 우리의 언어도 아이들에게 자리를 내주고 물러나 앉은 처지가 되고 말았다.

어린 시절 나는 콧물이 자주 흘러내리곤 했다. 그래서 스윽 옷소매로 닦아내곤 했는데 그런 나를 보며 할머니는 옥지기가 난다고 인상을 찌푸렸다. 그런데 할머니는 앞니가 없어서 발음이 새기 때문에 옥지기라는 말이 나에게는 '옥시기' 라고 들렸다. 문제는 할머니가 '옥수수' 도 '옥수구' 혹은 '옥시기' 라고 하기 때문에 그 모든 말들이 하나를 연상하게 하는 것이다. '할머니는 왜 내 코에서 옥수수가 난다고 할까?' 하며 의문을 가지곤 했다.

말이란 하는 사람의 입장에서 아닌 듣는 사람 입장에서 해석을 하게 마련이다. 내가 뜻을 정확히 알고 있다고 해서 듣는 상대방도 당연히 알고 있을 것이라는 생각은 버리는 것이 좋다. 특히 아이들이 사용하는 언어와 부모가 쓰는 말이 서로 해석하지 못하는 데서 오는 마찰이 있음을 종종 볼 수 있다.

같은 공간 안에서 아이들은 저희들만 통하는 말로 대화를 하고 부모는 부모의 언어로 이야기를 한다고 가정해보자.

첫째 : 동생아, 이거 어디서 퍼왔어?

동생 : 그거 불펌이긴 한데, 어때? 뽀샵했더니 간지나지?

엄마 : 얘들아, 주전부리 그만하고 시험이 코앞인데 바투 공부해야지.

첫째 : 뭘 그만해요? 우리 가만히 있었는데. 동생아, 우리 지대 열공하러 고고씽.

아빠 : 엄마가 공부하라는데 왜 따따부따냐! 도대체가 말이야, 요즘 애들은 어른들 말에 데면데면하단 말이야.

조금 극단적이긴 하지만 이런 상황이라면 세대 간의 갈등은 언제나 불씨로 존재하게 되어 부모는 부모대로 "요즘 애들은 이해가 안 돼."라고 말하게 되고, 아이들은 그 나름으로 '우리 부모랑은 대화가 안 통해.'라며 마음의 문을 닫을 수 있다.

✿ 어른들의 말을 들려주자

아이들은 의외로 부모들의 어린 시절에 호기심이 많다. 잠을 자는 머리맡에서라든가, 밥을 먹으면서, 혹은 놀이 도중에라도─물론 그때의 상황에 맞는 것이라면 더욱 좋다─이야기를 해주자. "엄마가 어렸을 때는" 하고 말을 꺼내면 아이들은 무슨 말이 나올까 싶어 귀를 기울이게 된다.

여기서 알아두어야 할 건 "얌전하고 공부도 잘 하고 부모 말씀도 잘 듣는 착한 어린이였어."라는 식의 말은 하지 말도록 한다. 차라리 실수담이라거나 꾸중 들었던 이야기를 들려준다면 아이들은 더 재미있어하고 다음에라도 "어렸을 때 이야기 또 해주세요." 하고 조르게 된다. 완벽하기만 하고 뭐든지 다 알고 있을 것만 같은 엄마나 아빠도 어린 시절에는 말썽쟁이, 개구쟁이였다는 것을 알게 되면 아이들은 또래였을 당시의 모습에 동질감을 느낀다. 부모를 고개 들고 쳐다보아야 할 대상이 아닌 좀 더 편안하고 친근하게 통할 수 있는 상대로 여기게 된다. 물론 너무 실수한 일이나 말썽부린 일만 부각을 시킨다면 "엄마(아빠)도 어릴 땐 그랬다며?" 하는 부작용이 생길 수도 있으니 적절한 선을 유지해야 한다. 그렇게 반박이 나올 때라도 당황하지 말고 "내가 그래봤으니까 너는 같은 실수하지 말라고 조언해 줄 수 있는 거야, 넌 경험자를 곁에 둔 걸 행운으로 알아야 해."라고 말해준다.

부모들의 어린 시절을 이야기해 주다보면 자연스럽게 부모의 언어로 말을 하게 되고 호기심이 많은 아이들은 모르는 단어가 나오면 바로 물어보기 마련이다. 이야기의 맥을 끊는다고 싫어하지 말고 아는 대로 쉽게 대답을 해주는 게 좋다. 또 자신이 정확하게 모르는 것이라면 "엄마도 잘 모르는데 우리 같이 사전 찾아볼까? 엄마도 궁금하다." 하면서 같이 찾으면 아이들은 자신들이 물어본 것에 많은 자부심을 느낀다. 그리고 궁금한 것이 생기면 그것이 무엇이든 간에 바로바로 물어보는 습관이 생기게 되는 것이다.

"실컷 놀다가 노을이 다 질 때쯤 마을의 굴뚝에선 하얀 연기가 피어오르지. 그러면 싸리문을 열고 살금살금 들어가는데 부엌에서 나온 너희 할머니와 마주치면 할머니는 더러워진 내 모습을 보고는 얼른 부엌으로 들어가 부지깽이를 들고 나왔어. 그러면 달려들어 부지깽이를 든 손을 잡고 너스레를 떠는 거야. 물론 그래도 맞긴 하지만 잠잘 때쯤에 할머니는 자리끼를 머리맡에 두고는 맞은 곳을 어루만져 주곤 했어."

이런 식으로 대화를 하게 되면 아이들은 부모의 어린 시절을 통해 스스럼없이 부모들의 언어를 알게 되고 같이 쓰게 된다.

우리는 아이들이 학교에서 어떻게 생활을 했는지, 학원이나 친구들하고 무엇을 했는지 늘 궁금하다. 그렇기 때문에 아이가 집에 돌아오면 "오늘은 뭐 했어? 잘 놀았어? 공부는 열심히 했니? 어떤 거 배웠어?" 하며 물어보게 된다. 하지만 가끔은 그 반대로 집에 들어온 아이에게 문득 생각나는 어린 시절의 한 장면을 이야기해주거나 자신이 좀 전까지 했던 일들을 들려줘보자. 아이는 자신의 생활을 일일이 부모에게 보고해야 하고 어른은 그럴 필요 없다는 법은 없으니까 가볍게 말해보는 것이다.

아이들도 의외로 부모의 생활에 관심이 많고 자신이 없는 사이에 무엇을 하고 있었을까 알고 싶어 한다. 그러므로 일방적으로 묻지만 말고 자신의 생활을 말해주는 것이다.

❀ 아이들이 모르는 부모의 말

요즘 무차별적으로 쏟아져 나오는 말들 중에 내가 모르는 단어도 많다. 세상이 빠르게 변하고 있다. 하지만 변하지 않는 좋은 말들도 많다. 그런 말들을 살려서 아이들도 사용하게 만드는 것은 어른들의 몫이 아닐까 싶다.

나는 가끔 "어? 시나브로 해가 저물어 가네."라는 말을 잘 한다.

그러면 아이는 마치 외계 언어를 발견한 것처럼 무슨 뜻이냐고 물어본다. 설명을 해주면 그 단어를 사용하기 위해 말을 만들어낸다. "아빠, 나 시나브로 숙제 다했어, 엄마! 여기에 써도 되는 거야?" "지대로야. 잘 했어." 아이는 영어를 배운 것보다 더 좋은 것을 배운 것처럼 신나한다.

우리 아이는 성적이 중간쯤이다. 그럼에도 불구하고 모르는 단어가 있으면 친구들이 자기에게 물어본다고 한다. 내가 아이에게 설명하듯이 말해주면 친구들이 알아듣게 설명을 잘 한다고 좋아한다는 것이다. 어른들의 말을 많이 알고 있다는 것도 아이에게는 잘 못하는 공부를 대신하는 무기가 되어 자신감을 심어주는 모양이다.

아이들이 모를 만한 단어를 골라 대화를 할 때 적절하게 사용해보자. 혹시라도 아이가 묻지 않는다면 옆구리를 찔러보자. "엄마가 지금 자리끼라는 말을 썼는데 무슨 뜻일까?" 한다면 없던 궁금증이 생긴다. "몰라." 하고 무덤덤하더라도 포기하지 말고 "알아맞히면 맛있는 간식을 해주마."라며 관심을 집중시키는 것이다.

아이들에게 어른들의 말을 들려주는 것은 곧 부모의 이야기를 하는 것이고 그것은 아이에게 자신이 알지 못했던 가까운 역사의 한 장을 들여다보게 하는 것이다. 또한 부모와 아이의 소통이 열리는 것이 된다.

욕하지 마, 욕하지 마세요

한 친구의 이야기다. 시골에서 할아버지가 모처럼 올라오셨다. 둘째 아이의 돌잔치 때문이었는데 며칠 더 계실 모양이었다. 손자가 귀한 집안의 장손이 첫 번째 생일을 맞았으니 바쁜 농사일도 접고 올라오셨다. 그만큼 할아버지께는 눈에 넣어도 아프지 않은 귀한 자식인 것이다.

며칠이 지난 뒤에 친구 집에 놀러가게 되었다. 이제는 가셨을 거라고 생각했는데 할아버지께서 문을 열어주셨다. 바로 발걸음을 돌릴 수가 없어 잠깐 앉아 있다 나올 요량으로 들어가게 되었다. 그분은 아이와 장난감을 가지고 노는 중이었다. 아이가 까르르 웃자 할아버지는 좋은지 한층 더 우스운 표정과 행동을 하는 것이다.

친구와 식탁에 앉아 그 모습을 보며 차를 마시는데 유치원에 갔던 큰 애가 돌아왔다. 큰 애도 가방을 던져 놓고 동생 옆으로 가더니 할아버지의 행동에 큰 소리로 웃으며 즐거워했다. 할아버지가 재미있냐고 묻자 아이가 웃으며 하는 말, "깔깔깔, 지X 하네." 모두들 한순간 어색한 침묵이 흘렀고 당황한 엄마는 아이를 다그치며 혼내고 말았다. 영문도 모른 채 혼이 난 아이는 울음을 터트렸다.

친구는 무슨 말 끝에 늘 "지X 하네."라는 말을 하곤 했다. 제삼자의 험담을 하면 맞장구를 치며 하는 말이기도 하고 부부끼리도 그 말을 자연스럽게 일상 대화에 섞어쓰곤 한 것이다. 즐겁게 웃으면서 서로의 행동이나 말끝에 스스럼없이 나오는 말이므로 지켜보는 아이 입장에서도 나쁜 말이 아니라는 인식을 한 것은 당연하다.

집에서부터, 나부터 좋은 말을 써야 한다. 말은 그 사람의 마음의 창이고 아이는 부모의 거울인 것이다. 처음부터 예쁘고 아름다운 창을 만들어줘야 하는 것은 부모의 책임이다.

언젠가 외국인이 우리나라에 와서 제일 빨리 배우는 단어 중의 하나가 욕이라는 이야기를 들은 적이 있다. 그만큼 욕은 우리가 모르는 사이에 생활 깊숙하게 자리잡고 있는 언어이다. 마음먹고 가르쳐준 것도 아닌데 어디서 배워왔는지 아무렇지도 않게 그 예쁜 입에서 듣기 거북한 말이 나올 때는 기가 막힌다.

길을 가다가 중·고등학생들을 만날 때가 있다. 저희들끼리 주위에 신경 안 쓰고 뭐가 그리 좋은지 깔깔거리며 마냥 신이 나 있다. 그런 그들의 모습을 보면 왜 웃는지도 모르면서 나도 따라 웃게 된다. 그런데 지나치려는 순간 들리는 그들의 말, "XX야 그만해, 미친 X. 그게 자랑이냐, 이 X야 깔깔." "그게 어때서 지랄이야. XX야, 웃기잖아." 귀를 의심하며 지나쳤지만 다시 뒤를 돌아보았다. 그들은 주위의 시선에는 아랑곳없어 보였다. 대화에 욕을 사용하지 않으면 말이 안 되는 모양이다. 문제는 서로에게 욕을 하면서도 그것을 기분 나빠하지를 않는다는 것이다. 비단 아이들만의 문제는 아니다. 아이들 못지않게 더 심한 욕을 입에 담고 사는 어른들도 많다. 아이들은 어른들의 자화상이다.

✺ 아이들은 뜻을 모르고 쓴다

처음부터 뜻이 나쁘다는 것을 알면서 사용하는 아이는 없다. 누군가가 하니까 따라하는 것이고 그 말을 했을 때의 주위 반응이 없다면 아이는 사용해도 되는 말로 받아들이게 된다.

아이가 학교에서 돌아왔는데 매우 즐거운 표정이었다. "오늘 재미있는 일이 있었나 보네?" 하고 묻자 아이는 아직도 여운이 가시지 않은 표정으로 이렇게 말하는 것이다. "응, 존나 재미있었어." 잠시 나는 말문이 막혀 웃을 수밖에 없었다. 굉장히 재미있었다는 표현을 아이 반에서는 그렇게 하는 것 같았다. 하지만 내버려둘 수도 없는 일이다. 뜻도 모른 채 다른 곳에서 또 사용할 수도 있기 때문이다.

"재미있으면 재미있는 거지 앞에 붙는 건 무슨 말이니?" "몰라, 다른 애들도 재미있을 때 다 그렇게 쓰는데." 아이는 별 것 아니라는 듯 어깨를 으쓱거린다. "표현이 좀 그렇다, 사실 사람들이 욕할 때 그 말을 붙이거든." 하자 아이가 "정말!" 하며 놀란다. "응, 기분 좋을 때 쓸 수 있는 말은 아니야, 물론 나쁠 때도 써서는 안 되고. 듣기 좋은 말이 아니니까 엄마는 네가 사용하지 않았으면 좋겠어." "난 몰랐어, 아이들이 그냥 쓰니까 좋은 줄 알았지." 아이는 그 뒤로 사용하지 않을 뿐더러 새로운 단어를 쓸 경우는 우선 나에게 그 뜻을 물어본다.

✹ 아이들은 관심의 도구로 욕을 사용한다

아이들은 자신이 욕을 했을 때 어른들이 반응, 즉 관심을 바로 나타낸다는 것을 알고 있다. 부모가 자신이 아닌 다른 것에 더 애정을 쏟고 있다는 생각을 하게 되면 아이는 부모의 관심을 모으기 위해 과장된 행동을 한다.

떼를 쓰며 운다거나 물건을 집어던진다거나 평소에 하지 않던 행동을 보인다. 그러나 어느 정도 그런 행동에 익숙해진 부모가 관심을 두지 않으면 결국 아이는 극단적으로 욕을 사용한다. 부모의 반응은 즉각적이라서 "뭐? 뭐라고? 너 뭐라고 그랬어!" 하며 아이에게 바로 달려가기 때문이다.

하지만 아이가 욕을 할 때마다 화를 내거나 야단을 치게 되면 아이 입장에서 관심 끌기에 성공했다고 생각한다. 그렇게 되면 오히려 욕하는 행동이 강화될 가능성이 있다. 그러므로 가끔은 무시를 해보는 것이 좋다. 욕을 해도 더 이상 부모가 바로 반응을 보이지 않는다는 것을 깨닫게 되면 차츰 줄어들게 된다. 그 대신 아이에게 따뜻한 관심을 주고, 사랑의 말을 자주 표현하도록 하자.

❀ 어떤 아이가 욕을 하는가

우선 아이가 왜 욕을 하는지 원인부터 알아봐야 할 것이다. 대부분의 아이는 관심을 받기 위해 욕을 하기도 하지만 그밖의 다른 외부적인 요인은 없는지 아이의 주변 환경도 살펴서 원인을 찾아봐야 한다.

> "
> • 주변의 친구들이 욕을 잘하는 경우
> • 둘째가 태어났거나 장기적으로 아파서 돌봐줘야 할 사람이 있을 경우
> • 부모가 서로 싸우거나 장난하면서 욕을 사용하는 경우
> • 아이가 타고 있을 때 운전하면서 욕을 자주 하는 경우
> "

아이가 욕을 한다고 해서 무작정 야단을 칠 것이 아니라 왜 그렇게 되었는지 원인을 따져보고 그 원인에 대한 해결을 우선해야 한다. 그다음 욕을 대체할 수 있는 언어를 가르쳐야 한다.

✸ 자신의 감정을 조절할 수 있게 한다

고학년이 되었을 경우에는 이전과는 달리 아이가 욕의 뜻을 정확하게 알고 사용하게 된다. 장난이나 관심의 목적이던 수준에서 벗어나게 되는 것이다. 다시 말해서 상대방에게 상처를 주거나 자신의 불만을 나타내기 위해 욕하게 된다. 그것은 습관으로 이어져 마음에 들지 않거나 화가 나게 되면 자신도 모르게 스스럼없이 욕이 나오게 된다.

그런 모습을 보면 부모는 당황하게 된다. "어디서 함부로 욕을 해. 욕하지 마." 하며 화를 내거나 "어디서 그따위 욕을 배운 거냐?"라며 따지듯이 말하게 된다. 아직 어린아이들이라면 이런 부모의 반응에 움츠러들겠지만 큰 아이들에겐 좋은 방법이 아니다. 아직 자신의 화를 발산시키면서 감정을 스스로 조절해나갈 수 있는 힘이 부족하기 때문에 자칫 잘못하면 오히려 반감을 사게 될 뿐이다.

화가 나 있는 상태에서 욕을 하거나 게임 도중, 혹은 다툴 때 아이가 욕을 한다면 부모는 우선 "잠깐 말을 좀 멈추어보겠니?" 하며 아이의 말을 멈추게 한다. 그런 뒤에 "네가 화가 많이 나 있다는 것은 알겠다." 하며 우선 아이의 심정을 이해한다는 말을 해준다. 그리고 "하지만 아무리 마음이 상했더라도 상대방의 기분을 상하게 하거나 나쁜 말을 하는 것은 옳지 않은 것 같다."고 단호하게 말을 해주어야 한다.

또한 아이가 왜 그런 말을 사용했는지 이유를 살펴보고 "만약 누군가가 너에게 욕을 한다면 너의 기분은 어떨 거 같니?" 하고 물어 욕을 했을 때 상대가 어떤 기분이었을지 등에 대해 생각하게 한다.

더 나아가 화가 났을 때 자신의 감정을 추스르기 위해 할 수 있는 행동에 대해 말해주는 것도 좋다. 잠시 심호흡을 해보라거나 말하는 것을 잠시 멈춰보라고 권해본다. 그리고 그런 거친 표현이 아니더라도 자신의 주장을 전할 수 있는 말을 찾아 바꿔보게 하는 것이 필요하다.

❀ 욕하지 맙시다

'도대체 어디에서 욕을 배워오는 걸까?' 이런 의문을 가지는 부모가 많다. 하지만 아이들은 의외로 가까운 데서 배우게 된다. 그 주범은 역시 어른이다. 우리가 무심코 내뱉는 나쁜 말들이 내 아이에게 그대로 흡수되는 것이다.

일상생활에서 거의 욕을 사용하지 않는 부모들도 이상하게 운전대만 잡으면 평소의 성격과는 달리 술술 욕이 나오는 것이다.

친구네 가족은 함께 차를 타고 야외로 나갔단다. 그 날 따라 밀리는 도로 위에서 다른 차가 앞으로 끼어들기를 하자 친구 남편은 신경질적으로 "참나, 저런 XX가 어딜 감히 끼어들어, XX같은 XX." 라며 험악하게 욕을 퍼부었던 모양이다. 차 안의 분위기는 썰렁해지고 친구와 아이는 동시에 남편을 쳐다보았다. "아빠, XX가 무슨 뜻이야?"

궁금한 것을 못 참는 아이가 바로 질문을 하며 아빠가 했던 단어를 입에 담았다.

친구 남편은 잠시 당황하더니 "어? 아빠 아무 말 안했는데?" 하고 얼버무려 버렸다. "아냐, 방금 했어. 너도 똑똑히 들었지?" "응." 두 아이는 맞장구를 치며 또 아빠가 했던 말을 반복한다. 그래도 친구 남편은 안 했다고 우기더란다. 그래서 친구는 "아이들한테 왜 거짓말 해, 그건 아주 나쁜 말이야. 아빠는 아까 욕한 거야. 그것도 아주 나쁜 욕."이라고 따끔하게 일침을 놓았단다. 그러자 아이들은 "아빠도 욕해?"라며 놀란 표정으로 아빠를 쳐다보자 아빠는 자신도 모르게 튀어나왔다며 안 그러겠다고 아이들에게 사과를 했단다.

만약 아이들의 질문에 "몰라도 돼."라던가 "내가? 그런 말 한 적 없어." "운전하는 데 방해되니까 가만히 좀 있어."라는 식으로 얼버무려버린다면 아이들은 뜻도 모른 채 화가 나면 당연히 써도 되는 말쯤으로 인식하게 된다.

아무리 어른이라도 자신의 실수에 대해서는 인정을 하고 써서는 안 된다는 것을 가르쳐주어야 한다. 아이들에게 욕을 하지 말라고 가르치기 전에 어른부터 말을 가려서 하는 법을 배워야 할 것이다.

말이 통하지 않는다는 것

이 세상에 나를 이해해주고 나와 통하는 사람이 있다는 것은 행복한 일이 아닐 수 없다. 아이들에게도 마찬가지이다. 늘 바쁘고 권위적인 아버지, 항상 공부 잘하는 누군가와 비교를 하는 엄마와 사는 아이는 늘 외로움을 느낀다. "도대체 뭐가 문제냐? 밥 먹여주고 공부 시켜주고 뼈 빠지게 벌어서 학원도 보내주는데 무슨 복에 겨운 소리냐!"라고 소리를 치면 "그건 부모로서 당연한 책임 아닌가요?" 하며 되받아치는 게 요즘 아이들이다.

아이와 부모는 세대 차이가 분명 있다. 살아온 환경이 다르기 때문에 어쩔 수 없는 일이다. 하지만 분명 세상은 변했고 우리의 부모가 우리에게 했던 그대로를 아이들에게 요구하는 것은 불가능한 세상이다. 보이지 않는 벽이 아이와의 사이에 있다고 느낄 때 도저히 벽을 허물 수 없다고 포기하지 말자. 부수려고 하면 오히려 상처가 생긴다. 벽에는 반드시 어디쯤엔가 창문이 있을 것이다. 거대한 벽만 보지 말고 열어놓은 작은 창문을 찾아보는 것이다.

✹ 무관심의 벽

다섯 살이 된 어느 아이 엄마의 이야기이다. 이제 막 돌이 지난 둘째도 있는데 첫째가 엄마와 떨어지려 하지 않아 힘들어도 집에서 데리고 있다고 한다. 그런데 호기심도 많고 말썽도 많은 사내아이라서 점점 아이와 부딪치는 일이 많아졌고 급기야 화를 내거나 벌을 세워야만 말을 들어 매를 드는 일도 많아졌다고 한다.

하지만 원하는 대로 되지 않으면 더 이상 무슨 말을 해도 통하지 않는다고 한다. 처음에는 차분하게 충분히 설명을 해주려고 노력하지만 마치 벽을 상대하고 있는 기분이 들 때면 자신도 모르게 울컥 화가 치밀어 아이에게 소리를 지르고 손찌검을 한다는 것이다.

그런데 놀이 학원을 가거나 놀이터에서 놀 때는 다른 아이들과 어울리지 못하고 겉돌기만 한단다. 집에서는 자신의 것에 주장을 강하게 하는데 밖에서는 빼앗기기 일쑤라 속상하고 어찌해야 좋을지 모르겠다고 한다.

아이는 엄마의 관심과 사랑을 필요로 하고 있었다. 물론 엄마가 잘 돌보지 않는다는 게 아니다. "동생이 태어났으니 이제 넌 형이야. 형답게 굴어야지." 한다고 해서 저절로 그렇게 되는 게 아니다. 오히려 반대로 더욱 엄마와 떨어지지 않으려 하고 엄마의 더 큰 관심을 얻으려고 애쓰게 된다. 하지만 갓난아이에게 매달려 있는 엄마 입장에서는 아이를 얼른 놀이방이라도 보내 잠시라도 여유를 갖고 싶은 마음이다. 그러다보니 억지로 떼어내어 보내려고 하면 아이는 짜증이 나고 고집스러워진다. 더구나 아직 준비되어 있지 않은 상황에서 강제적으로 떠밀려 또래 집단에 참여하게 되어 스트레스를 받는다. 이런 경험들이 계속된다면 아이는 다른 사람들과의 관계가 즐거운 것이 아니라 두려워서 피해야 할 것으로 여기게 될 것이다.

우선 아이가 원하지 않으면 놀이방에 가는 것을 멈추어야 한다. "그래, 네가 가고 싶을 때 가자." 하며 아이를 존중해주고 함께 보내는 시간을 따로 확보해 그 시간에는 아이와 대화를 하거나 놀이를 해야 한다. 무엇인가를 하고 있다면 "뭐하고 있니? 재미있니?"라며 먼저 관심을 나타내주는 것도 좋다.

말이 통하지 않는다고 엄마가 감정적으로 대응을 하게 되면 아이도 역시 소리 지르고 화내는 식으로만 자신을 표현하는 법을 배우게 된다. 시간이 걸리더라도 부드러우면서도 일관된 자세를 취하며 재촉을 하지 않아야 한다. 자신에 대해 긍정적이고 편하게 여길 수 있는 아이가 되어야 밖에서도 활발하고 자신감이 생기게 된다.

❀ 무조건 가지고 싶은 소유의 벽

어느 날부터 아이가 휴대폰을 사달라고 조르기 시작했다. 그런데 처음에는 그저 "나도 휴대폰 하나 갖고 싶다." 하던 것이 점점 강도가 높아져 이제는 막무가내로 변하고 말았다. 내 뒤를 졸졸 따라다니며 언제 사 줄거냐고 물었다.

하지만 나는 사줄 생각이 전혀 없었다. 아직 휴대폰이 필요할 나이가 아니라고 생각했기 때문이다.

"엄마가 생각하기에는 네가 왜 휴대폰이 필요한지 모르겠구나. 그 이유를 나에게 설명해 줄 수 있겠니?"

"다른 아이들도 다 갖고 있는데 나만 없단 말이야."

"그건 아닌 것 같은데, 엄마가 알기론 너희 반에서 그걸 가지고 있는 친구는 불과 몇 명뿐이야. 안 그러니?"

아이가 잠시 입을 닫았다. 그렇지만 조금 뒤에 "그럼 다음 생일날 선물로 사줘." 하는 것이다.

"아니, 네가 중학교 3학년이 되기 전에는 휴대폰을 사주는 문제에 대해 생각도 하지 않을 거다. 물론 그때가 되어서 생각을 해도 필요가 없다고 판단되면 사줄 수 없어."

내가 단호하게 말을 하자 아이는 "너무해." 하며 발을 굴렀다.

그러나 아이는 아무 말도 들리지 않는지 또 말을 꺼내곤 했다. 아무리 설명을 해 줘도 들리지 않는 모양이었다. 이 정도 설명을 했으면 알아들을 만도 한데 도무지 통하지 않는 아이를 보며 매를 들고 싶은 것을 참느라 눈을 감고 심호흡을 해야 할 정도였다.

결국 나는 아이에게 용돈을 모아서 사보라고 권했다. 요즘엔 공짜로 주는 휴대폰도 많아서 사는 데는 문제될 게 없다고 한다. "그러면 요금은 어떻게 할 건데? 엄마는 그것도 지금은 줄 생각이 없는데." "용돈으로 내면 되잖아. 꼭 필요할 때만 쓰면 걱정 없어." 자신만만한 아이에게 휴대폰은 사용하지 않아도 기본적으로 돈을 내야 한다고 말해주었다. 잠시 멈칫하더니 대략 얼마정도 하냐고 묻는다. 대답을 해 주자 일주일마다 받는 자신의 용돈을 계산해 보더니 다시 심각해진다. 나는 아직도 아이와 실랑이를 벌이고 있다. 과연 내가 얼마나 견딜 수 있을지 모르겠다.

무언가 가지고 싶은 일이 있으면 아이들은 그것을 손에 넣기 전까지 끊임없이 부모를 조른다. 사줄 수 없는 이유를 조목조목 말해줘도 말이 통하지 않게 된다. 아이에게는 오로지 갖고 싶다는 마음 이외는 어떤 것도 소용이 없다.

이럴 때는 일단 그 문제에 대해서 무시를 해버리는 것이 좋다. 이미 왜 사줄 수 없는가를 설명해줬는데도 계속 조른다면 "그 일에 관해서라면 더 이상 말하고 싶지 않구나. 너 자신도 꼭 필요에 의해서 사달라고 조르는 게 아니라는 것쯤은 알고 있을 거라 생각해. 그런데도 조른다면 아무 말도 대꾸하지 않겠다." 물론 이렇게 말했다면 정말로 아이가 그 문제에 대해서 다시 거론할 때 무시를 해야 한다.

아이가 갖고 싶은 것이 있다면 뭐든지 다 사주고 싶은 것이 부모의 마음이다. 그러나 꼭 필요한 물건을 꼭 필요한 시기에 구입할 수 있도록 가르치는 것도 중요하다.

✹ 세대 차이의 벽

아이가 조금 더 크면 그때부터는 자신만의 세계를 가지려고 한다. 가족보다는 친구가 더 좋고 친구와 공유하는 그 무엇을 더 소중하게 생각한다. 가끔 이런 아이를 보며 '우리 아이가 이상하게 변했어. 초등학교 때는 안 그랬는데 왜 그러지?' 하며 불안해한다.

부모는 아이가 하는 모든 것이 마음에 들지 않아 잔소리를 하게 된다. "머리가 그게 뭐니? 좀 자르면 시원하겠는데, 바지가 흘러내리겠다. 똑바로 못 입니? 예전엔 안 그러더니 요즘 통 공부도 하지 않고 왜 그래?" 따위의 잔소리를 입에 달고 산다. 하지만 아이는 그런 소리를 들어도 아랑곳하지 않는다.

조카아이가 올해 고등학교에 올라갔다. 아이의 아버지는 매우 엄격해 조카아이는 자신의 모든 행동에 제약을 받았다. 공부하는 시간, 컴퓨터를 할 수 있는 시간, 입는 옷이나 머리 스타일까지 아버지가 참견하지 않는 것은 없었다.

조카는 지금까지 그런 아버지의 요구에 아무 말 없이 따라주었다. 신나게 놀고 친구와 어울려 그 나이에 누려야 할 것들을 제대로 못하는 것 같아 안쓰러웠다. 그러나 내 생각과 달리 그 아이는 아버지 몰래 하는 것이 많았다. 최신 가요를 듣고 채팅을 즐기며 돈을 모아 유명 상표의 물건들을 산다. 물론 아버지가 알면 당장 온 집안이 뒤집어질 일이지만 아이는 절대 아버지가 알지 못할 거라고 했다.

"아버지는 요즘에 어떤 것이 유행하는지 몰라요. 채팅도 모르고 옷에 무슨 상표가 붙어 있는지 전혀 몰라요. 우리는 모양만 봐도 어느 회사 것인지 아는데, 아버지는 그런 거 전혀 모르니까 들킬 일이 없어요."란다. "그래도 몰래 하는 건 나쁜 거 아닐까?" 내가 조심스럽게 묻자 "별것도 아닌 일로 잔소리 듣기 싫어요. 아빠는 하지 말라는 것은 많지만 해주는 건 없어요. 말이 통하지 않아 정말 답답해요. 무조건 하지 말라는 말뿐이니까요."

아이는 아버지와 대화를 거의 하려고 하지 않는다. 어차피 해봤자 일방적으로 큰소리치는 아버지 때문에 어떤 대화도 가능하지 않다는 것이다. 그럴 때면 가출 충동까지 느낀다며 알아서 할 수 있는데 왜 그렇게 숨 막히게 하는지 모르겠다고 한다.

어른이 생각할 때는 우스운 것이 아이에게는 대단히 중요한 것일 수도 있다. 그것을 존중해 줄 수 있어야 한다. 아이는 부모와의 나이 차이만큼 세대 차이의 벽을 느낀다. 그리고 아이는 자꾸 자신만의 비밀을 만들고 벽을 쌓으려고 한다. 그것은 사춘기의 아이들에겐 당연한 본능이다. 그 벽을 부모가 방치하거나 억지로 무너뜨리려고 하면 아이는 더욱 견고한 벽을 쌓으려 할 것이다. 말이 통하지 않는다고 생각되면 숨기는 게 많아진다.

세대 차이의 벽은 아이보다는 부모의 노력이 더 필요하다. 아이가 좋아하는 것을 같이 좋아해 보고 요즘 유행하는 것들에 대해 아이의 조언을 구하면 아이는 아마 신이 나서 설명을 해 줄 것이다. 부모가 자신이 바라보는 곳을 보고, 같은 것을 좋아하고, 같은 언어를 사용한다면 아이는 쌓아올린 벽의 벽돌을 스스로 한 장씩 내려놓는다.

마음을 보이고 실천하라

한 엄마가 아이를 데리고 쇼핑을 하러 갔다. 아이는 엄마의 손에 끌려 이리저리 돌아다녀야 했다. 아름다운 옷들이 줄비하고 신나는 음악이 나오고, 구경할 것들이 넘쳐났다. 그런데 엄마는 즐기지도 못하고 인상을 찌푸리는 아이가 이상했다. "도대체 너 왜 그러니? 즐겁게 놀아야 엄마도 기분이 좋잖아, 꼭 이런 데 나와서도 그렇게 인상을 써야 하니?" 엄마도 짜증이 나기 시작했다.

결국 엄마는 화가 나서 "너 왜 그러는 거야!" 하며 아이의 어깨를 조금 거칠게 흔들며 앉아 아이의 얼굴을 마주보았다. 그렇지만 엄마의 시선은 아이의 눈을 지나 주위를 둘러보았다. 앉아서 본 거리는 온통 지나가는 사람들의 다리와 진열대의 다리, 쇼윈도가 보이지 않는 턱이 전부였다. 아이의 시선에서 편하게 볼 수 있는 좋은 것은 존재하지 않았다.

내가 볼 수 있는 것을 아이는 볼 수 없을지도 모른다는 것을 알아야 한다. 눈높이를 맞출 때 진정 아이의 생각이 보이고, 아이가 바라보는 세상이 보이고 마음이 열리게 된다.

나는 아이에게 잔소리가 많은 엄마인 거 같다. "욕하지 말고, 친구들과 싸우지 말고, 거짓말은 아주 나쁜 거야." 이런 식상한 이야기들을 자주 한다. 내가 노래처럼 나오는 말이 "살 좀 빼야 하는데, 내일부터는 정말로 운동해야지." 하는 말이다. 그러면 아이들은 "또 내일이야, 엄마는 매일 운동한다면서 지금까지 한 번도 하지는 않아. 그치?" 하며 웃는 것이다. 지금은 아예 그런 말을 하지 않는다. 물론 운동도 아직 시작하지 않았다.

또 하나 거짓말을 한 적이 있다. 나는 이상하게 누군가가 부탁을 하면 마음이 약해져서 들어주곤 한다. 나쁜 것은 아니지만 상대가 판매원일 때는 난감하다. 그 사람의 말을 들어주고 시간을 빼앗았으니 사 줘야 할 것만 같은 콤플렉스가 있다. 그런 나약한 마음 때문에 필요도 없는 물건들이 쌓이자 마음을 독하게 먹기로 했다.

판매원이 오면 무조건 도망치기, 아는 사람 아니면 문도 안 열어주고 아예 대꾸도 안 하기 등이 내가 선택한 방법이다. 그러나 아직도 내가 당하지 못하는 사람이 있는데 바로 보험 설계사이다. 집으로 전화가 와서 이야기를 시작하면 나는 적당한 선에서 작별인사를 못 하고 끝까지 고개를 끄덕여가며 들어주는 것이다. 거절을 못 하는 내가 너무 싫다는 생각을 하면서 말이다.

전화를 받지 않을 방법이 뭐가 있을까 하다가 집 전화를 받지 않기로 했다. 휴대폰은 번호가 뜨기 때문에 누구인지 알 수 있으니, 집으로 해서 안 받으면 아는 사람은 휴대폰으로 할 것이다. 대신 아이가 집에 있을 경우는 아이에게 전화를 받도록 했다. "있잖아, 엄마가 설계사 아줌마 전화 받는 거 싫으니까 혹시 모르는 사람이 엄마 있냐고 물어보면 무조건 없다고 해." 아이에게 단단히 교육을 시켰다. 거짓말을 하게 하는 건 안 좋은 일이지만 어쩔 수 없다고 스스로를 변명하면서 말이다. 이제는 전화를 넘어서 만나자고 집요하게 요구하는 그 사람을 어떻게 하면 기분 나쁘지 않게 거절할 수 있을지 걱정이다.

어느 날, 저녁 무렵 전화벨이 울렸다. 부엌에서 저녁 준비를 하던 나는 전화를 받으려는 아이에게 "엄마 없다고 해. 모르는 사람이면 절대 없는 거야, 알았지?" 하며 다급하게 다짐을 받았다. 순간 당황한 아이는 얼굴이 경직되어 보였다. 전화를 받더니 "엄마 없어요. 어디 갔는지 모르는데." 하고 끊었다. 내가 모르는 사람이었냐고 묻자 아이는 아빠라고 한다. "야, 아빤데 엄마 없다고 하면 어떻게 해."라고 하자 아이는 갑자기 거짓말을 하려니 아무 생각이 나지 않더란다.

그런 뒤론 거짓말을 하게 해서는 안 되겠다는 생각이 들었다. 거짓말을 하려니 숨이 막힌다는 아이에게 미안한 마음이 들었다. 혹시라도 내성이 생겨 아무렇지 않은 표정으로 나에게 거짓말을 하는 아이를 생각하면 끔찍한 일이기도 했다.

아이는 내가 마음이 약해서 누군가의 말을 진지하게 잘 들어주는 걸 알고 있다. 나는 가끔 그것 때문에 힘들다고 아이에게 말을 한다. 내 고민을 들으면서 아이는 제가 거짓말을 해서라도 도와주려고 하는 것이다. 처음엔 시킨 것도 있지만 자기들도 전화가 오면 받기 전에 "엄마, 모르는 사람이면 없다고 해?" 하고 묻는다. 그러면 나는 화장실로 들어가면서 "아니, 화장실에 갔다고 해."라며 나름대로 고단수를 쓴다.

어리다고 해서 부모의 마음을 아이들이 모를 것이라고 무시하면 안 된다. 부모가 마음을 열고 다가서면 아이는 모든 것을 다 보여준다. 내가 말뿐인 행동을 하면 아이도 말은 잘 하면서도 그 말에 책임을 지지 않는다. 그래도 되는 것으로 받아들이는 것이다. 일단 아이에게 '거짓말을 하지 말라, 욕하지 말라, 실천을 하라'고 했다면

자신부터 모범이 되어야 아이도 따라오는 것이다. 아이에게 말이
통하지 않는다고 하지만 그 원인은 부모 자신의 실천이 없기 때문
이다.

✲ 아이에게 무조건 명령하지 않기

"부모가 아이들에게 자신들의 희망을 억지로 떠맡기는 것은 자녀
교육 실패의 원인이다. 부모가 해야 할 일은 아이의 기본적인 성격이
나 기질을 바꾸는 것이 아니고 가진 그대로를 자연스럽게 표현하게
하고 그것을 존중해 사회에 적응하게 해주는 것이다. 부모는 아이가
부모의 희망과 다른 희망을 가지더라도 반대하지 말아야 한다. 아이
의 마음은 변하지 않기 때문이다. 아이의 의견에 찬성을 해주면 아이
는 용기를 얻을 것이고 반대를 하면 위축될 것이다."

  아동학자 로렌스 굴드의 말이다. 아이를 소유물처럼 대하는 부모
가 있다. 옷 입는 것 하나까지도 아이 마음이 아니라 부모가 정해준
것을 입게 하고 '해, 하지 마'라는 말을 당연하게 사용한다. 이런 말
을 하게 되면 아이를 보는 눈이 긍정적이기보다는 부정적으로 변하
기 쉽다. 부모와 자식은 별개의 존재이며 아이도 하나의 인격체라
는 것을 명심해야 한다.

✲ 말보다 행동이 먼저

  아이들은 부모를 보고 자란다. 부모는 아이가 세상에서 처음 만
나는 사람이며 가장 가까이에서 어른이 될 때까지 관찰하게 된다.

유치원에 다니는 아이들에게 소꿉놀이를 시켜보면 남자아이는 자신의 아빠 행동을 그대로 보여주고 여자아이는 엄마의 행동을 보여준다.

대표적인 예로 소꿉놀이를 보면 그 가정의 분위기를 어느 정도 파악할 수 있게 된다. 아이들 앞에서 어머니가 아버지에게 함부로 말을 하면 아무리 자식들에게 "아버지에게 잘해드려라." 하고 말해도 소용이 없다. 또한 부모가 본인의 실천 없이 아이들에게 말만 한다면 아이들은 "엄마도 안 하면서." 하는 식으로 부모의 말을 무시하게 된다.

✺ 일관성 있는 태도를 갖자

대부분의 부모는 아이의 교육에 관심이 많다보니 남들이 좋다고 하면 무조건 따라하려고 한다. 누가 수영으로 금메달을 따면 내 아이도 수영을 가르쳐보고 싶고 음악을 잘하는 사람을 보면 억지로 음악 학원에 보내기도 한다.

어떨 땐 "공부가 무슨 소용이니, 건강이 최고야." 하다가도 "그렇게 공부해서 어떻게 살려고 하니? 공부 좀 해라."라며 소리를 지른다. 부모가 일관성 없이 기분에 따라 변하면 아이는 가치관에 혼란을 일으킨다. 그렇게 되면 선과 악의 구분도 불분명해지고 사회에 대한 불신이 생겨 자신을 제어할 수 있는 힘을 잃고 공격적으로 변하게 된다. 부모의 일관성 있는 태도는 아이가 탈선을 했을 때라도 다시 제자리로 찾아올 수 있는 나침반이 되어준다.

❀ 긍정적인 부모가 되자

"엄마, 나 이거 하고 싶어요. 해 봐도 돼요?" "네가 그걸 어떻게 하니? 할 줄도 모르잖아. 그거 하다가 다치면 큰일 나." 이런 식의 대화는 아이를 위축시킨다. 할 줄 모르니까 못 하고, 일이 생길까 봐 손도 대보지 못하는 겁 많은 아이로 만들게 되는 것이다.

아이에게 억지로 무언가를 시키지 않는 나는 아이에게 늘 이렇게 말을 한다. "해보고 싶은 거 없니? 말만 해. 하고 싶다는 것은 하게 해줄게. 세상은 넓고 그만큼 할 수 있는 일도 많거든. 넌 무엇이든 될 수 있고 할 수 있어. 네가 마음만 먹는다면 말이지. 얼마나 행복한 일이니?" "근데 엄마, 난 해보고 싶은 게 아직 없어." 할 말이 없다. "그럼 기다리지 뭐."

❀ 때로는 친구처럼, 때로는 엄한 스승처럼

미국의 부모는 아이들과 친구처럼 지내는데 요즘 우리나라도 그렇게 지내려는 부모가 점점 많아지고 있다. 아이의 마음을 이해하고 눈높이를 맞춰 서로 통하는 것은 좋다. 하지만 부모의 권위까지 버려서는 안 된다. 엄격하게 제한을 할 때는 말을 번복해서는 안 된다. 만약 아이가 강하게 반발한다고 번복을 하게 되면 부모의 권위는 사라지고 아이는 그저 친구 이상으로 부모를 보지 않게 된다.

말을 듣지 않는다고 야단을 치거나 체벌을 하려고 할 때 그것을 제지하려고 한다면 그 아이는 더 이상 부모를 존경하는 마음이 없다는 것이다. 부모의 권위가 없기 때문에 자신의 기분에 따라 친구에게 하듯이 함부로 해도 되는 사람이 되어버린다.

많은 아동 심리학자들이 자녀가 어릴 때는 부모와 친구처럼 지내는 것이 좋지만 사춘기에 접어들면 지나친 친밀감이 오히려 나쁜 영향을 끼칠 수 있다고 한다. 아이가 위계 질서와 경계가 분명하다는 것을 알아야 정체감 형성에 도움이 된다.

부모의
한마디가
똑똑한
아이로 키운다

5

아이들은 경험과 체험을 통해서 자란다.

당연한 말이지만 부모는 아이들에게 말과 행동을 항상 조심해야 한다.

성장 과정에서 받은 상처의 경험은 일생을 통해

아이들의 가슴에서 지워지지 않고 남아 있기 때문이다.

말 한마디에도 쉽게 상처 받고 쉽게 용기를 얻게 되는 이들이 바로 아이들이다.

하버드 대학교에서 어느 박사가 실험을 위해 학생들에게 쥐를 나눠 주었다. 우선 학생을 세 그룹으로 나눈 뒤, 첫 번째 그룹에게 쥐를 주면서 이렇게 말을 했다.

"여러분은 행운아입니다. 이 쥐는 매우 천재적인 지능을 가지고 있습니다. 아주 좋은 결과를 얻을 수 있을 것이라 생각되어 기대가 매우 큽니다."

두 번째 그룹에도 쥐를 주면서 말을 했다.

"이 쥐는 보통의 일반적인 쥐입니다. 아마 보통 정도의 성과가 있을 거라는 생각이 드는군요."

그리고 세 번째 그룹의 학생들에게도 마지막 남은 쥐를 주면서 말했다.

"여러분들에게는 멍청하기 짝이 없는 쥐를 주게 되었습니다. 그래서 사실 별로 기대하지 못하겠습니다."

그 후, 6주간 같은 조건으로 실험을 실시해 그 결과를 알아보았다. 실험 결과를 보니 천재라고 소개한 쥐는 천재처럼 능란하게 행동을 했다. 그리고 보통이라고 소개한 쥐는 그저 평범한 결과를 보였으며 멍청하다고 말한 쥐는 행동이 형편없고 굼뜨다는 결과를 알 수 있었다.

사실 쥐들은 천재적이거나 보통, 멍청한 쥐라고 분류되어 있는 것은 아니었다. 다만 학생들에게 주면서 말만 다르게 했을 뿐인데 그 결과는 놀라운 차이를 보였던 것이다.

로젠탈, 자콥슨 등의 연구에 의해 피그말리온 효과라는 것이 알려지게 되었는데 교사가 학생에게 긍정적인 기대를 가지면 학생은 실제로 교사의 기대에 어긋나지 않으며 인정과 기대를 높이 할수록 더 훌륭하게 변한다는 것이다. 이 피그말리온 효과는 어릴수록 효과가 더 크다고 한다.

말 한마디가 아이를 크게 키운다

아이들은 경험과 체험을 통해서 자란다. 당연한 말이지만 부모는 아이들에게 말과 행동을 항상 조심해야 한다. 성장 과정에서 받은 상처의 경험은 일생을 통해 아이들의 가슴에서 지워지지 않고 남아 있기 때문이다. 말 한마디에도 쉽게 상처 받고 쉽게 용기를 얻게 되는 이들이 바로 아이들이다.

 아이에게 안정감을 주는 말

> - 내일은 오늘보다 더 좋은 일이 있을 거야.
> - 네가 생각한 방법이 좋은 거야.
> - 세상에 쓸모없는 것은 하나도 없어.
> - 괜찮아, 그럴 수도 있지.
> - 실수하지 않는 사람은 없어.
> - 피하지 않고 맞선다면 길이 보일 거야.
> - 너 자신을 믿어봐.
> - 누구든 처음부터 잘하는 사람은 없어.
> - 네가 가장 소중한 사람이야.
> - 힘들 땐 말해, 기꺼이 도와줄게.

✿ 아이를 활발하게 하는 말

- 가슴을 쫙 펴고 심호흡을 해봐.
- 하고 싶다면 당장 해봐.
- 넌 결코 약한 사람이 아니야.
- 밖에서 마음껏 뛰어놀아라.
- 우리 함께 달리기해볼까?
- 세상은 넓고 네가 하고 싶은 일도 매우 많아.
- 너는 대장이야.
- 네가 알아서 해봐, 따라갈게.
- 열심히 노는 것도 네가 할 일이야.
- 놀기에 아주 좋은 날씨구나.
- 보기보단 굉장히 날쌔구나.

✿ 아이에게 감사를 가르쳐주는 말

- 모두가 누군가의 귀중한 보물이란다.
- 조용히 귀를 기울여봐.
- 아름다운 걸 보니 마음이 예뻐지는걸.
- 세상은 너의 소중한 스승이란다.
- 참 행복한 세상이야.
- 하고 싶은 걸 못하는 아이들도 세상엔 많단다.
- 맛있게 먹겠습니다, 맛있게 먹었습니다.
- 고맙습니다, 감사합니다.
- 네가 할 일을 스스로 하니 정말 기쁘구나.
- 네가 자랑스럽구나.
- 그냥 너라서 좋아.

✿ 해서는 안 될 말들

대부분의 사람들이 좋은 말은 잘 하지 않지만 해서는 안 될 말은 무심코 잘하고 있는 것 같다. 우리가 아이들에게 하는 안 좋은 말들에 대해 알아보고 사용하지 않으려는 노력을 해야 할 것이다.

자존심을 상하게 하는 말들 중에는 "어디서 말대꾸야, 공부도 못하는 주제에 뭘 한다고? 엄마 친구 아들은 이번에도 1등 했다던데." 라는 말들이 있다. 그리고 자율성을 해치는 말들에는 "쓸데없는 짓 좀 그만하고 책 좀 읽어라, 너희는 어떻게 매일 싸우니? 반찬 투정 하려거든 밥 먹지 마." 등이다.

또한 "공부 좀 해라, 공부해서 남 주니?" "빨리 못 하겠니, 답답해 죽겠네." "뭘 사달라고? 잘 하는 게 있어야 사 줄 맛도 나지." 하는 말들로 의욕을 꺾기도 하며 "너한테 두 손 두 발 다 들었다." "커서 뭐 될래? 앞날이 걱정이다." "네까짓 게 뭘 안다고 나서는 거야." 등의 말로 자신감을 없애기도 한다. 그 외에도 아이의 미래를 빼앗는 상처의 말들이 많다. 나는 과연 어떠한 상처의 말들을 하는지 한번 생각해보자.

- 넌 어떻게 허구한 날 맞기만 하니?
- 공부만 잘 해봐, 뭐든지 다 해주지.
- 관둬라, 관둬.
- 크면 자연히 알게 돼.
- 왜 그런 곳에 정신을 쓰니? 공부를 해도 시원치 않을 판에.
- 이게 다 너를 위해서야.
- 꼬락서니 하고는, 단정하게 좀 못하니?

아이에게 자신감을 불어넣는 말

지수 남매가 유치원에 다닐 때의 일이다. 어느 날 유치원에서 오자마자 지영이가 엄마에게 숨 넘어가는 소리로 말을 했다.

"엄마, 엄마. 오늘 유치원에서 오빠 울었다."

엄마가 왜 울었냐고 묻자 친구에게 맞았다는 것이다. 아이가 누군가에게 맞았다는 것은 이유야 어찌되었건 속상한 일이다. 차라리 때려서 사과를 하는 게 낫다는 생각이 드는 것이 부모의 심정이다.

아니나 다를까 엄마는 지수에게 "너도 같이 싸우지 그랬어. 왜 맞고만 있었어?" 하고 말을 했다. 그랬더니 지수가 한다는 말이 "나 걔 못 이겨."였다. 엄마는 어이가 없어서 "왜 못 이기는데?" 했더니 그 친구는 덩치도 크고 태권도 학원도 다녀서 싸움을 잘한다는 것이다.

이런 경우 비단 친구와의 관계뿐만 아니라 아이는 모든 생활에서 자신감이 없다. "싫어, 안 해, 못해."라는 말이 자신감이 없는 아이가 주로 하는 말이다. 학교에 들어가서도 아이는 모든 일에 소극적이게 된다. 친구도 많이 사귀지 못하고, 어울려 놀기보다는 혼자 있기를 좋아한다. 일어서서 발표를 하지도 않게 되고, 새로운 것을 하는 데 겁을 먹곤 한다. 만약 내 아이가 이렇다면 그 부모는 마냥 지켜볼 수도 없고, 어떻게 해야 좋을지 막막할 것이다.

하지만 답답하고 급한 마음에 아이의 성격을 단번에 고치려 해서는 안 된다. 누군가가 억지로 시켜서 마지못해 하는 것보다 스스로 하고 싶은 마음이 우러나오도록 유도하는 것이 오히려 효과적이다. 그리고 아이가 자신감에게 자신감을 불어넣어 줄 수 있는 최상의 말이 무엇인가를 고민하도록 한다.

나는 아이가 어릴 때부터 나는 "넌 뭐든지 할 수 있어. 마음만 먹는다면 너희가 하지 못할 일은 아마 이 세상에 없을 거야."라는 말을 자주 했다. 그리고 "세상은 무지 넓고 하고 싶은 일은 무지 많을 거야, 네가 진정 하고 싶은 게 있다면 엄마는 시켜주려 해."라는 말도 자주 해주었다. 아이는 "정말!" 하며 함박웃음을 웃으며 좋아했다. 혹 타고난 성격이 소극적이라고 말할 사람도 있겠지만 그건 잘못된 생각이다. 타고난 성격보다는 인간은 분명 사회적인 동물이고 아이는 외부가 아닌 집안의 분위기를 따라가는 것이기 때문이다. 집은 아이의 기본 성품을 좌우하는 작지만 가장 중요한 사회인 것이다.

❀ 나는 아이에게 어떻게 말을 하는가

나이 어린 아이들이 "난 못해, 난 못 이겨, 내가 그걸 어떻게 해."라는 식의 부정적인 말을 한다면 "왜 못해!" 하고 윽박지르거나 무심하게 흘려듣지 말아야 한다. 윽박을 지르면 아이는 더욱 소심해지고 흘려들으면 부정적인 생각이 굳어져버리게 된다. 부정적인 생각은 부정적인 미래를 만들기 때문에 고쳐줘야 한다.

우선 자신이 아이에게 어떤 식으로 말을 하는지 알아봐야 할 것이다. 만약 아이가 하는 행동에 대해서 "네까짓 게 그걸 어떻게 한다고, 그냥 놔둬, 안 돼, 손 대지마. 이런 건 안 하는 게 도와주는 거야."라고 한다면 어느새 아이는 무언가를 하는 것에 주춤거리며 망설이게 되고 자신감을 잃게 된다.

나는 긍정적인 사람인가

아이들은 부모를 닮아간다. 생활하는 버릇이나 말투가 어느 순간 똑같다는 것을 느끼기도 한다. 부모가 아이들 앞에서 "못 살겠어." "네가 하는 일이 그렇지, 별 수 있어." "왜 이렇게 인생이 힘들어." 하는 식의 부정적인 말들을 무심코 한다면 나중에 아이들에게 "잘 할 수 있어, 긍정적으로 생각해."라고 말해도 소용이 없다. 이미 아이는 부모의 탄식이 몸에 배었기 때문이다.

아이의 말을 귀담아듣는가

아이가 무슨 말을 하거나 행동을 하려고 할 때 그것을 무시하는 부모가 있다. 앞에서도 말했지만 아이들은 부모에게 잘 보이려고 노력한다. 그런데 자꾸 무시하거나 귀찮아하는 투로 말을 하게 되면 아이도 그것을 배우게 된다. 부모의 말에 퉁명스럽고 무뚝뚝하게 대답을 하게 되는 것이다. 긍정적이고 자신감 있는 태도를 보고 싶다면 아이가 하는 말에 귀를 기울이고 무시하는 말투를 써서는 안된다. 자신부터 긍정적인 말을 해야 아이도 따라한다는 것을 잊지 말아야 한다.

✸ 자신감에도 선을 긋자

너무 지나친 자신감을 주는 것도 금물이라는 것을 명심해야 한다. 자신감을 갖는 건 좋지만 도저히 감당할 수 없는 자신감은 과욕으로 자칫 아이의 마음에 상처가 될 수도 있고 다른 일에 대해서도 의욕을 상실하게 할 수도 있다.

능력이 되지 않는 상태에서 "넌 잘할 수 있을 거야."라며 부추기는 것은 그 일을 성공하지 못했을 때 위축되며 "잘할 수 있다고 했는데 난 왜 안 되지?"라는 실망과 함께 지나친 자책으로 이어질 수 있다.

아이의 사고력을 높이는 말

많은 아이들이 일기 쓰기를 싫어한다. 일기를 쓰다 보면 글 솜씨도 늘고 하루 일과를 되돌아보며 생각할 수도 있어 엄마들은 쓰라고 잔소리를 하지만 쓰기 싫어하는 아이는 달라지지 않는다. 그리고 쓸 거리가 없다는 말도 한다.

그럴 때는 매일 매일의 주제를 정해주도록 한다. 월요일은 학교생활 중 생각나는 것 쓰기, 화요일은 친구나 다른 사람과 있었던 일 쓰기, 수요일은 거짓말 일기, 목요일은 독서 일기, 금요일은 그날 배운 과목 중에서 한 가지를 택해 배운 내용을 자세하게 써보기 등 소재는 다양하게 만들 수 있다. 가끔 토요일과 일요일은 스스로 선택할 수 있는 여유를 둔다. 그렇게 되면 아이들은 더 이상 핑계를 대지 못한다.

그렇다고 아이들이 일기를 술술 써내려가는 것은 아니다. 보다 구체적인 방법에 들어가서 자신의 일기에 이름을 붙여주고, 그 이름을 부르며 일기를 쓰게 하는 것도 흥미를 끌게 할 수 있다. 결국 일기 이름은 또 하나의 자아인 셈이기 때문에, 일기가 생각을 키우는 좋은 계기가 될 것이다.

그렇다면 아이들의 사고력을 높이기 위해서는 어떻게 말하는 것이 좋을까?

✳ 넌 어떻게 생각하니?

다시 질문을 던져본다. 아이들은 질문이 많다. 그 질문에 모두 답해주려고 노력을 하지만 때론 자신이 생각을 할 수 있는데도 물어볼 때가 있다. 그럴 때는 "너는 뭐라고 생각하는데?"라는 질문을 다시 던지기도 한다. 아이들의 상상력은 무한하다. 그러나 단지 상상으로만 머물러 있다면 아무런 도움이 되지 못한다. 아이는 무슨 생각을 가지고 있는지 어떻게 생각하고 있는지 물어보는 것이다. 아이가 부모에게 물어보듯이 "넌 이걸 어떻게 생각하니?" 혹은 "이게 뭘까?" 하며 아이가 스스로 답을 찾도록 한다.

❀ 맞아, 그럴 수도 있겠는데?

질문을 받은 아이는 잠시 생각을 하며 자신이 알고 있는, 혹은 생각을 말하게 된다. 때론 아주 엉뚱하고 기발한 대답을 들을 수도 있다. 그렇다고 "그건 답이 아니야, 틀렸어."라고 직선적으로 말해서는 안 된다. "그런 생각을 하다니 대단한걸, 그럴 수도 있겠다. 하지만 엄마 생각에는 이거 같아. 넌 어떻게 생각하니?"라고 한다면 아이는 자신의 생각에 더 자신감이 생기게 된다.

아이가 하는 말에는 무조건 고개를 끄덕여주고 칭찬을 아끼지 말아야 한다. 칭찬을 들은 아이는 엄마가 하는 말에도 귀를 기울이게 되고 자신의 생각과 비교를 하며 받아들이게 된다. 무조건 부모, 혹은 어른의 말이 옳다는 식의 대답은 하지 않는 것이 좋다.

❀ 이건 엄마보다 네가 더 잘 알 거야. 알려줄래?

아이가 잘하는 분야나 관심을 가지는 것에 대해 설명을 하도록 하는 것이다. "이건 엄마가 잘 모르겠는데 무지 궁금하다. 네가 가르쳐줄 수 있겠니?" 하면 아이는 신이 나서 자신이 알고 있는 모든 것을 성심성의껏 엄마에게 설명을 한다. 중간에 틀렸더라도 끊지 말고 끝까지 들어줘야 한다. 이렇게 아이에게 설명을 부탁하게 되면 아이는 체계적으로 생각하는 힘과 조리 있게 말하는 힘이 길러지게 된다.

❀ 만약 지구가 네모난 모양이면 어떨까?

이미 아이가 알고 있는 사실이라 하더라도 한번 반대로 생각하게 해보는 것이다. "토끼는 꼬리가 짧고 동그란데 만약 길면 어떨까? 어떤 점이 좋고 무엇이 나쁠까?" 하며 '만약'이라는 단어로 아이의 상상력을 자극한다. 아이가 알고 있는 지식에서 벗어나 다른 방법을 생각하게 하는 것이다. 그렇게 습관이 되면 생각의 유연성이 길러져 융통성이 생기게 된다.

어느 노인의 지혜

어떤 장군이 먼 길을 떠날 준비를 하고 있었다. 지위가 높은 장군의 행렬은 많은 부관들과 군졸들을 거느려 화려한 장관을 이뤘다. 그런데 장군의 행렬이 지나가기로 되어 있는 어느 지역에 전날 내린 큰 비로 산사태가 일어나 도로는 큰 바위들이 무너져내린 상태였다. 그 즉시 지역 행정관은 많은 인부를 동원해 바위 제거 작업에 착수했다. 이곳 때문에 행렬이 지체된다면 장군은 불처럼 노할 것이었다. 그 생각을 하면 지역 행정관은 아찔하기만 했다.

무너져 내린 바위는 장정 여럿이 어떻게 할 수 없을 만큼 컸기 때문에 통나무를 늘어놓고 줄로 바위를 당기는 수밖에 없었다. 그러나 빗물에 젖은 도로는 미끄러워 넘어지기 일쑤였고, 어제부터 흐린 날씨의 영향으로 가랑비까지 내려 일이 쉽지 않았다. 작업이 진척이 없자 인부들은 나쁜 날씨와 엄청난 바위에 눌려 하나둘씩 지쳐가기 시작했다. 이런 상황이다보니 다음날 장군의 행렬이 시작된다는 소식은 현장을 지휘하는 행정관에게는 사형 선고처럼 느껴졌다.

행정관이 어려움에 처해 있다는 소식을 듣자 그 지역에서 지혜롭기로 소문난 노인이 문제 해결을 위해 한 가지 조언을 해주었다.

"내일까지 바위를 모두 끌어내기는 도저히 불가능해."

"그렇다면 어떤 방법이 있습니까?"

"바위를 끌어내는 게 아니라 바위 주변의 흙을 파내서 그 속으로 돌을 메워 넣어버리는 쪽이 더 빠를 것 같은데, 어떤가?"

그 지혜로운 노인의 말대로 행정관은 인부들에게 명령했다. 작업은 눈에 띄게 빨라져 다음날 아침이 되자 옛 모습을 찾을 수 있었다.

다음날 예정대로 장군의 행렬을 이어졌고 아무런 사고 없이 끝날 수 있었다. 그때서야 행정관은 안도의 한숨을 내쉬었다. 돌을 끌어내는 것이 아니라 더 깊이 파서 아예 묻어버리는 일, 시각을 반대로 바꿔봄으로써 이렇듯 멋진 방법이 탄생된 것이다.

누가 봐도 문제 해결을 위해 할 수 있는 방법들이 아무것도 없다고 느낄 때가 있다. 위의 이야기에서 '하루 사이에 커다란 바위를 끌어내는 일' 처럼 말이다. 하지만 그 방법이 불가능하다고 해서 바위를 제거하는 일 자체가 불가능한 것은 결코 아니라는 것이다. 바위를 끌어낼 수 있는 방법은 실패했지만 땅을 파서 묻어버리는 새로운 방법으로 문제가 해결되었다. 이러한 발상의 전환은 '기존의 사고방식에서 탈피하는 것' 으로부터 시작된다.

발상의 전환은 연륜이 있는 노인들만 하는 것이 아니다. 아이들에겐 더 무궁무진한 생각이 있다. 그것을 끄집어내기 위해서는 같은 문제라도 다른 시각으로 바라볼 수 있게 해줘야 한다. '만약' 이라는 단어를 잘 활용해보자.

아이의 사회성을 높이는 말

국어사전을 보면 사회성이란 사회생활을 하려고 하는 인간의 근본 성질이라고 나와 있다. 즉 사회에 적응하는 개인의 소질이나 능력, 대인 관계의 원만성 따위를 이른다는 것이다. 아이는 자라면서 차츰 인간 관계를 확대하고 좀 더 깊게 다른 사람과 집단에 대해 상호 의존하는 관계로 발전시킨다. 또한 개인적으로는 집단 안에서 자기의 자리를 만들고 생각을 주장해서 사회적 환경에 적응할 수 있는 행동양식과 습관을 형성하게 된다. 그것이 바로 사회성이다.

자기만의 공간을 좋아하고 혼자 노는 것을 즐기는 '코쿤족' 들이 점점 늘어가고 있는 추세이다. 어느 온라인 취업 사이트에서 최근 직장인 회원을 대상으로 '자신을 코쿤족이라고 생각해 본 적이 있는가?' 를 물은 결과 50%가 넘는 사람이 '그렇다' 는 답을 했다고 한다. 연령대별로는 20, 30대 코쿤족이 많은 것으로 조사되었다. 자신을 코쿤족이라 생각하는 이유는 혼자가 편하기 때문이며 마음이 맞는 사람을 찾기 힘들어서, 혹은 상대와 의견 조율이 귀찮아서라고 대답했다. 또한 코쿤족에 대해 긍정적이라는 응답이 부정적이라는 응답보다 두 배가량 많았는데 앞으로 이런 현상은 점점 심해질 것으로 보여 사람들의 사회성이 더 떨어질 우려를 낳고 있다.

우리가 살아가고 있는 현대 사회는 여러 요인에 따라 사회성을 제대로 학습할 수 없는 환경으로 변해가고 있다. 따라서 사회 경험이 상대적으로 적은 아이들은 종종 시행착오를 겪게 되고 그로부터 문제 행동을 일으키기도 한다. 이러한 현실에서는 아이들이 사회성을 제대로 키워 원만한 사회생활을 하는 데에 지장이 없도록 도와주는 부모의 역할이 무엇보다 중요해진다. 아이의 사회성은 저절로 길러지지 않는다. 좀 더 적극적이고 활발한 아이로 키우려면 어떻게 해야 할까? 우선 가장 기본적이며 중요한 가정에서부터 사회성을 기르는 훈련을 시켜보자.

✸ 네가 할 일이 있어

인간 관계에서 가장 중요한 것은 상대방을 배려하는 마음이다. 그리고 그것은 누군가에게 인정을 받으려고 베푸는 것이 아닌 가장 기본적인 예의라는 것을 가르쳐야 한다. 배려하는 마음은 저절로 생기는 것이 아니다. 중요한 것은 부모가 먼저 가정 안에서, 혹은 남에게 도움이 되는 일을 해서 모범이 되어야 한다. 그다음으로는 아이에게 실천 할 수 있는 기회를 주어야 한다.

아이가 기회를 가장 쉽게 접할 수 있는 곳이 바로 가정이다. 집안일을 돕는다는 것은 아이가 적극적인 사람이 될 수 있다는 데 그 의미가 있다. 가정에서 자신이 참여할 수 있는 일이 있으면 사회적 관심과 협동심이 생기고 자신감도 높아지게 된다. 알아둘 것은 아이에게 집안일을 시킨다는 것에 미안해하거나 부담스러워해서는 안 된다는 것이다.

"네가 해야 할 일은 자기 전에 동생의 장난감을 제자리에 갖다 놓는 거야. 그 정도는 엄마를 도울 수 있겠지? 네가 도와준다면 일도 빨리 끝나고 훨씬 쉬울 거야." 이렇게 말하면 아이는 엄마를 돕는 일에 자부심도 갖게 되고 돕는 일이 저절로 몸에 익게 된다.

❀ 같이 하자

아이들은 대개 부모를 돕고 싶어 한다. 부모 입장에서 보면 일을 빨리 끝내야 하는데 서툴고 꾸물거리는 아이가 도와주겠다고 하면 무시해버리기도 한다. 도움은커녕 다시 일을 해야 할지도 모르는 상황이 생기기 때문이다. "그렇게 하면 다시 해야 하잖아, 차라리 하지 말고 내버려두렴." "언제까지 하고 있을래? 빨리 해야 하는데 그만해." 하는 식의 말투는 남을 돕는 마음을 움츠러들게 한다. 다소 번거롭고 시간이 걸리더라도 아이가 돕겠다고 나설 때는 인내심을 가지고 기다려주자.

혹시 너무 어려서 할 줄 모를 거라는 생각을 한다면 그 아이는 커서도 못하게 된다. 그때는 아마 시켜도 하지 않을 것이다. 왜냐하면 돕는 일에 익숙하지 않기 때문이다. 같이 빨래 좀 개켜줄래? 같이 청소놀이 하자 등의 말을 아이들에게 해주는 게 좋다.

❀ 심부름해

나는 아이에게 서슴없이 심부름을 시킨다. 특히 바쁠 때에는 가게에 가서 두부를 한 모 사오는 일까지 시키는데 이것은 아주 어릴 때부터 해왔다. 그래서인지 몰라도 심부름은 아이에게 당연한 것이 되어버렸다. 내가 아이에게 심부름을 시킬 때 "엄마가 힘들어서 그러는데 이것 좀 해 줄래?"라든가 "미안한데 해주면 좋겠는데."와 같은 말투를 사용하지 않는다. 심부름을 시키면서 부모의 입장에 대해 구구절절 설명할 필요가 없다. 다만 명령투가 아닌 목소리로 "쓰레기를 버리고 오렴. 이것 좀 거들어줘."라고 말한다. 아이들은 심부름을 시키는 것을 당연하게 해야 하는 일로 알고 있다.

✿ 고마워

다른 사람에게 도움을 받았을 때 감사의 마음을 표현하는 것은 중요하다. 아이가 도움을 주었을 때 그 행위에 대해 부모는 '고마워'라는 표현을 바로 해줘야 한다. 덧붙여 "도와준 덕분에 빨리 해결되었어." 하는 식의 '덕분에'를 붙여주는 것도 좋다. 그리고 행위에 대한 객관적인 칭찬이여야 하며 구체적인 사실에 대한 감사의 표현이 되어야 한다. 사랑을 받아 본 사람이 사랑을 베풀 줄 알듯이 감사의 표현도 마찬가지이다.

✿ 웃음의 즐거움

심리학자 폴 맥기는 웃음이 아이의 사회성 발달에 특히 중요한 영향을 미친다고 말하고 있다. 아이들은 저마다 타고난 유머 감각이 모두 다르다. 하지만 당신의 노력으로 아이의 유머 감각을 높여줄 수 있다. 유머는 개인적인 문제뿐만 아니라 대인 관계에서 오는 갈등에 대처할 수 있게 해주는 중요한 수단이다.

아이들의 유머 감각을 키워주는 방법은 그저 같이 뒹굴며 놀아주는 것이다. 실없이 놀면서 상황에 따라 대처하는 방법을 익살스럽게 표현하면서 유머를 자연스럽게 익히게 된다.

칭찬으로 빛나는 말

어떤 현자가 "아이의 타고난 가치를 알게 하고 그 가치를 최대한으로 발휘시키는 것이 칭찬이다."라고 말했다. 칭찬처럼 자녀 교육에 있어 가장 효과적인 수단은 없다. 그러나 무조건 칭찬을 하거나 너무 남발해서는 곤란하다. 적절한 타이밍에 상황에 맞는 칭찬을 할 수 있어야 한다.

아이는 자신의 존재를 부모가 인정해주기를 바라기 때문에 본능적으로 기쁘게 해주려고 노력을 한다. 그러므로 그 노력을 긍정적인 측면에서 보고 칭찬을 자주 해서 신뢰감과 자신감을 길러주고 스스로 인정받고 있다는 생각을 갖도록 해야 한다.

✸ 행위 자체를 칭찬하라

가장 효과적인 칭찬 방법은 잘했을 때의 행위 그 자체를 칭찬하는 것이다. 구체적이며 적절하고 객관적이어야 한다. 장난감을 잘 정리한 아이에게 '잘 했어, 훌륭해' 라는 식의 칭찬보다는 "장난감을 정리하니 훨씬 깨끗하고 보기 좋은데."라던가 "정리된 장난감이 보기 좋은데, 네가 좋아하는 자동차를 찾기가 쉽겠는걸." 하며 구체적으로 칭찬을 해줘야 한다. 그림을 잘 그린 아이에게 "참 잘 그렸는데."라고 하는 것보다 "야, 멋지다. 이 집에서 살고 싶은걸." 하며 그림 속의 풍경을 거론하며 칭찬을 해줘야 한다. 글을 읽는 아이에게 "우리 아들(딸) 너무 잘한다, 공부도 잘 하겠는걸." 하기보다는 "그 글자를 읽다니 대단한걸, 나중에 엄마에게 신데렐라를 읽어줄 수 있겠다. 기대되는데."라고 해주는 것이 바람직하다.

🏵 지나친 칭찬은 하지 말라

아이에게 칭찬은 자극을 주어 더 잘해야겠다는 욕구를 증대시키고 노력을 하게 만든다. 하지만 너무 지나친 칭찬은 진실성이 떨어진다. 자신이 왜 칭찬을 받는지 아이가 알 수 있도록 해야 한다. 그저 부모가 기뻐하니까 착한 일을 하는 게 아니라 그 행위를 하게 됨으로써 얻어지는 가치가 무엇인지 말해줘야 하는 것이다.

"동생에게 장난감을 양보하다니 마음이 넓구나."

"방을 깨끗이 정리하니까 보기도 좋고 물건을 찾기도 쉽게 됐어."

"먹고 싶은 걸 참고 엄마를 기다리다니 인내심이 대단한걸."

남을 단지 기쁘게 할 뿐만 아니라 객관적으로 어떤 행위가 착하고 바른 행동인지 깨닫게 하는 것이 중요하다. 이렇게 말을 하다 보면 아이는 착한 행위에 대해 알고 좋은 습관이 몸에 배게 된다.

🏵 칭찬할 일을 만들어라

우리는 대부분 아이가 어떠한 행위를 했을 때만 반응을 한다. 예컨대 아이가 방에서 조용히 앉아 책을 읽거나 놀면 '그런가 보다.' 하지만 이리저리 뛰어놀며 장난을 치면 그때는 바로 소란을 친 행위에 대한 제재의 말이 튀어나온다.

조용하게 노는 것은 눈에 띄지 않지만 말썽을 피우는 것은 금방 눈에 들어오기 때문이다. 그러나 얌전하게 놀고 있을 때도 "조용하게 놀고 있다니 참 착하구나." 하며 한마디 해주는 것이 좋다. 또한 칭찬할 기회를 아이에게 만들어주는 것도 좋다.

"우유를 흘리지 않고 먹을 수 있는지 한번 볼까?" 하고 우유를 주면서 아이에게 말을 한다. 그러면 아이는 조심스럽게 마시려고 할 것이다. "잘했어, 정말 흘리지 않고 먹다니." 하며 아이의 노력에 대해 칭찬을 해주는 것이다. "신발을 예쁘게 정리할 수 있겠니?" 하고 말해주며 칭찬할 상황을 만들어주고 아이가 한 행동이나 노력에 대해 칭찬을 해준다.

❀ 칭찬할 때는 스킨십도 하라

말로만 하는 칭찬보다는 신뢰한다는 표정을 지어주는 것이 좋으며 그보다 한 단계 더 높여 아이의 머리나 얼굴을 부드럽게 쓰다듬어주는 게 좋다. 조금 더 큰 아이라면 등을 토닥거려 주거나 손을 잡아주는 것으로도 효과가 있다.

부드럽게 어루만지는 스킨십은 아이의 마음을 안정시키고 상대방이 자신을 믿고 있다는 확신을 준다. 아울러 사랑받고 있다는 것을 느끼게 하는 중요한 수단이다. 스킨십은 손으로 할 수 있는 효과적인 칭찬의 말이다.

❀ 장점을 칭찬하라

내성적인 자녀, 열등감이 많은 자녀는 극히 사소한 장점이나 노력도 그냥 넘기지 말고 인정하고 칭찬해야 한다. "넌 다른 사람보다 약간 수줍음이 더 있는 것 같지만, 수줍어하면서도 남을 용기 있게 도와주고 배려해주다니." 하는 식으로 아이가 자신의 단점을 뛰어넘는 행동을 했다면 결과에 상관없이 노력 자체를 칭찬해주는 것이다.

형제나 남매가 있는 경우 비교하려 드는 경우가 있다. 예를 들어 여동생이 여러모로 오빠보다 잘한다는 생각을 가지고 있어 가끔 오빠를 무시하는 발언을 서슴지 않고 한다. "오빠 그거 못해. 내가 더 잘해." 하는 것이다. 그럴 때는 엄마가 "네가 몰라서 그래, 오빠가 마음만 먹으면 너보다 훨씬 잘할 수 있다는 걸 엄마는 알고 있어. 그리고 오빠는 손으로 하는 건 너보다 더 잘하잖아."라는 식으로 아이의 장점을 작은 아이에게 말해준다면 자기가 오빠보다 더 잘났다는 투의 무시를 하지 않을 것이다. 또한 아이도 상대방의 장점을 보려는 시선을 가지게 될 것이다.

❀ 공평하게 칭찬을 하라

자녀가 한 명 이상일 경우 부모는 자연스레 두 아이를 비교하거나 잘한 사람만 칭찬하기 쉽다. 그렇게 되면 칭찬을 받지 못한 다른 한 명은 질투심을 느끼고 열등감을 가지게 된다. '나만 미워해.' 라는 생각을 가지게 되는 것이다. 아무리 사소한 것이거나 작은 노력이라도 칭찬을 할 때는 똑같이 해줘야 자신감이 생긴다.

어느 사형수의 고백

나와 같은 불행한 사람이 또 생기기 않았으면 좋겠습니다. 그래서 내가 왜 이곳에 서게 되었는지 마지막으로 털어놓으려 합니다. 제 평생에 고마운 분이 한 분 있습니다. 초등학교 5학년 담임 선생님이셨는데 그 선생님의 칭찬을 듣고 바른 사람이 될 기회가 있었지만 부모님의 무관심은 그 기회를 잃어버리게 만들었습니다.

우리 집은 무척 가난했습니다. 학교를 다니기는 했으나 겨우 공책 한 권과 연필 한 자루만 가지고 다닐 정도였습니다. 미술 시간에도 그림 한 장을 제대로 그려본 적이 없었습니다. 도화지나 물감을 가져 본 적이 없었으니까요. 나의 이런 처지에 학급에서는 문제아 취급만 할 뿐이어서 따스한 눈길이나 칭찬은 아예 받아본 적이 없었습니다.

그날도 미술 시간에 아무 것도 하지 못하고 가만히 앉아 있었는데 그런 나를 보시고 선생님은 옆 아이의 스케치북에서 도화지를 한 장 뜯어주시며 그림을 그리라고 하셨지요. 연필로 스케치만 하고 물감 이 없어 그냥 있었는데 선생님께서는 제 그림을 아이들에게 보여주 시며 "참 잘 그렸다. 그림의 구도가 아주 좋아. 물감으로 색칠만 한다 면 정말 훌륭한 그림이 될 거야."라고 하셨습니다.

지금까지 학교에 다니며, 아니 태어나서 처음으로 칭찬을 듣게 된 것입니다. 칭찬을 듣고 나니 물감만 있으면 정말 제대로 된 그림을 그릴 수 있는 자신이 생겼습니다. 학교가 끝나자 그림을 들고 집으로 달려왔습니다. 빨리 어머니, 아버지께 보여드리고 싶었습니다. 부모 님은 늦은 밤이 되어서야 지친 모습으로 들어왔습니다. 제가 신 나서 그림을 보여주며 자랑을 해도 듣는 둥 마는 둥 관심도 보이지 않았 습니다. 물론 스케치북이나 그림 물감을 사 주지도 않았습니다.

다음 미술 시간이 들은 날, 저는 학교에 가는 길에 문구점에 들어 가 주인 몰래 스케치북과 물감을 훔치다가 들켜 심하게 매를 맞고 학교에 끌려가 벌을 받았습니다. 집에 가면 또 부모님에게 매를 맞을 까 봐 집에도 들어가지 않았습니다. 그때부터 거리의 부랑아로 자랐 습니다. 그러다가 어느 날, 몰래 물건을 훔치러 남의 집으로 들어갔다가 들켜서 그 집 사람들을 모두 죽이게 되어 이 자리에 서게 되었습니다.

선생님의 칭찬을 들었을 때, 우리 부모님이 나에게 관심을 주고 용기를 주며 물감과 도화지만 사주셨어도 지금쯤 훌륭한 화가가 되었을지도 모릅니다. 적어도, 아마 이런 일은 없었을 겁니다.

아이의 독립성을 키우는 말

미국의 시사 주간지 뉴스위크에서 자녀를 독립적으로 키우는 방법을 소개한 적이 있다. 여러 방법 중 가장 중요한 것은 '아이들이 스스로 문제를 해결하고 성장할 수 있는 기회를 빼앗지 말라'는 것이었다.

예를 들면 부모가 아이들 야구 경기에 가서 심판 판정에 항의하며 주심에게 고함을 지르곤 하는데, 이것은 아이가 스스로 문제를 해결하는 법을 익히거나 자신감을 얻는 데 전혀 도움이 되지 않는다는 것이다. 또 음악가가 되기를 원했던 자녀가 음악과 다른 것에 빠졌다면 아이를 믿고 그 꿈을 북돋워주는 게 좋다고 충고하고 있다.

잡지에서는 '만일 자녀가 이미 대학생이 되었다면 더 가르쳐주고 싶은 유혹이 있더라도 억제하라'고 말한다. 아이들은 이전에 부모가 한 말과 행동을 대부분 기억하기 때문에 더 이상의 가르침은 반복적인 잔소리에 불과해지기 때문이라고 했다.

미국인들은 우리나라의 부모들에 비해 아이들의 독립심을 키우는 편이다. 그런데도 이런 기사가 나오는 것은 요즘 미국 부모들이 달라지고 있기 때문이다. 그 변화를 보여주는 것이 '헬리콥터 부모(helicopter parents)' 라는 신조어다. 자녀가 성인이 돼도 계속 그 주변을 맴도는 부모를 가리킨다.

> **헬리콥터 부모 판별법**(디킨슨 대학교와 미국 학부모협회 공동 개발)
> 1. 자녀를 대신해 교수를 만나고
> 2. 문제가 생기면 바로 뛰어가 자녀 대신 직접 문제를 해결하고
> 3. 사소한 규칙 위반으로 벌칙을 받게 돼도 대신 나서려고 한다.

　'헬리콥터 부모가 자녀의 직장까지 찾아가고 있다' 는 제목의 기사로 최근 월스트리트 저널도 이와 같은 문제를 다뤘다. 어느 대기업 인사 관계자의 말에 따르면 "구직 중인 자녀를 뽑아달라고 회사에 직접 부탁하는 부모가 적잖게 있으며, 부모와 의논하느라 입사 여부를 바로 결정하지 못하는 젊은이도 많다." 라는 것이다. 심지어 자녀의 연봉 협상에 부모가 대신 나서려는 경우도 있다고 한다. 이런 부모들은 대학과 기업의 입학과 채용 담당 부서를 직접 공략한다는 뜻에서 '가미카제 부모' 라고도 불린다.

　이러한 부모의 형태는 비단 미국만의 문제가 아닌 우리 현실에서도 존재하고 있는 문제다. '엄마가 다 알아서 해주겠지.' 라는 생각이 우리 아이들에게도 이미 뇌리 깊숙이 박혀 있다. 부모와 자녀 사이에 탄탄한 유대감은 평생 갈 자산이지만, 부모는 자녀가 스스로 서는 법을 배우는 것을 방해해서는 안 된다고 신문은 말하고 있다.

아이들은 어려운 문제를 스스로 해결하는 과정에서 자신감을 키운다는 것을 잊지 말아야 한다.

독립성을 키우기 위한 방법들을 알아보자.

✿ 의사소통 능력을 키워줘라

사람들과 잘 어울리기 위해서는 기본적으로 의사소통 능력이 발달되어야 한다. 목소리가 크고 말을 잘한다거나 한글을 일찍 떼고, 글을 잘 읽거나 쓴다고 해서 의사소통 능력이 있는 것은 아니다.

의사소통 능력이란 다른 사람의 말과 감정을 제대로 이해하고, 또 자신의 생각과 감정을 정확하게 전달할 수 있는 능력을 말한다. 이 것은 단순히 언어 교육이나 문자 교육으로만 얻어지지 않는다. 여러 부류의 사람들을 만나고 다양한 상황을 겪으며 얻어지는 교훈에서 자신이 어떻게 해야 할지 스스로 터득해야 한다.

흔히 내성적인 부모는 아이에게 보여주는 세상이 한계가 있다. 만나는 사람들도 한정되어 있고 밖에 나가는 것도 일정한 거리를 벗어나지 못하는 것이다. 그러나 귀찮더라도 의식적으로 아이들을 데리고 넓은 공원을 가거나 가까운 박물관 등을 찾는 것이 좋다.

✿ 아이의 능력을 존중하라

우리 아이들이 주인공으로 활동하게 될 미래 사회는 다양성과 융통성, 개방성 등의 가치가 강조되는 사회이다. 또한 이런 사회에서 자신의 능력을 발휘할 수 있는 사람은 유연하고 창의적이며 변화에 잘 적응할 수 있는 사람이다.

따라서 내 아이가 내성적이고 소극적이라고 해서 아무것도 못할 것이라고 단정 짓는 것은 잘못된 태도이다. 내성적이기 때문에 남의 말을 더 잘 듣고, 남의 감정을 더 잘 이해하며, 한 가지 일을 끈기 있게 해낼 수도 있다.

부모는 아이가 갖고 있는 특성이 무엇이든지 이를 불평하고 비판하거나 아쉬워하기보다는 먼저 감사하는 태도로 수용할 필요가 있다. 그러면 아이들은 자신감을 갖게 되며 타인과 원만한 관계를 이룰 수 있다.

아직 어리긴 해도 아이가 컴퓨터를 좋아한다는 것을 알고 아이에게 파워포인트를 배워보지 않겠냐고 물어 보았다. "넌 컴퓨터를 잘 다루니까 하면 잘할 수 있을 거야." 하고 말해주자 처음 들어보는 그 단어에 "내가 할 수 있을까?" 하고 의문을 던졌는데 "그럼, 넌 성격이 차분하니까 괜찮을 거 같아."라고 해 줬더니 한번 해보겠다는 것이다. 역시 예상대로 아이는 파워포인트에 재미를 붙였고 곧잘 해서 선생님으로부터 칭찬을 들으니 다른 자격증 공부도 해보겠다는 자신감을 보였다. 차분하면 차분한 대로 활발하면 그런 대로 잘 하는 것이 있고 그것과 연결되는 코드만 잘 발견하면 그다음부터는 아이 스스로 생각하고 움직인다는 것을 알았다.

✿ 아이가 하고자 하는 일을 가능한 한 허용하라

독립성이 있는 아이로 키우기 위해서 부모는 일찍부터 가능한 한 많은 부분을 아이 스스로, 끝까지 해내도록 허용하는 태도를 보여야 한다. 물론 걱정과 불안을 쉽게 떨쳐버릴 수는 없을 것이다. 하지만 그렇다고 한평생 부모가 아이의 뒤를 쫓아다니며 아이의 삶을 보호해줄 수도 없다.

그렇기 때문에 부모는 하루라도 빨리 아이에게 스스로 생각하고 결정하고 행동할 수 있도록 해줘야 한다. "네 생각대로 한 번 해보지 않겠니? 잘할 수 있을 거야."라며 용기를 주면 되는 것이다.

또한 부모는 아이가 스스로 생각하고 행동했으나 실패에 부딪쳤을 때 다시 일어나 도전할 수 있도록 격려하고 도와주면 된다. "결과가 안 좋아서 속상하겠지만 다른 방법을 한번 연구해보지 않겠니? 넌 정말 최선을 다했어. 훌륭해."라고 다독거려준다. 절대 아이의 실패에 대해서 비난하거나 꾸짖지 말아야 한다.

아이가 필요로 할 때 도와주는 것과, 아이가 원하는 것을 부모가 대신 해주는 것은 전적으로 다른 일이다. 어려서부터 자신의 목표를 스스로 설정하고 목표를 달성하기 위한 방법을 모색하고, 다양한 갈등과 위기 상황에 처해보고, 실패를 경험해본 아이가, 결국 주도적으로 자신의 삶을 이끌어가는 사람이 될 수 있다.

어느 달팽이의 이사

어느 개울가에 달팽이가 살았다. 가뭄이 들어 식물들은 모두 말라죽어 몸을 숨길 수조차 없었다. 게다가 불어대는 바람과 내리쬐는 햇빛이 달팽이를 괴롭혔다.

그러던 어느 날이었다. 우연히 그곳을 지나는 거미를 보고 달팽이는 하소연을 했다.

"이곳은 너무 메말라서 도저히 살 수가 없어."

그러자 거미는 의아한 눈으로 쳐다보며 말했다.

"그럼 이사를 가지 그래. 저 산만 넘으면 살기 좋은 곳이 있는데 왜 여기서 고생하지?"

"뭐? 이 산 너머에 다른 세상이 있다고?"

달팽이는 믿을 수가 없었다. 그때 마침 그곳을 지나가던 잠자리가 그들의 대화를 듣고 말했다.

"달팽이야, 너는 저 산 너머에 살기 좋은 세상이 있다는 것을 몰랐단 말이니? 그곳은 꽃도 많고 땅도 기름져서 모두들 행복하게 살고 있단다."

그 말을 들은 달팽이는 흥분했다. 그리고 이사를 결심했다.

이틀 뒤 잠자리가 이사를 도우러 왔다. 그러나 머리 위에서 뜨겁게 내리쬐는 태양을 본 달팽이는 몸을 움츠렸다.

"오늘은 안 되겠어. 저 햇볕이 나를 태워죽일 거야."

다음 날 나비가 찾아왔다. 그러나 바람이 불자 겁을 먹은 달팽이는 머뭇거렸다.

"오늘도 안 되겠어. 연약한 살갗이 바람에 못 견딜 거야."

또 다음 날은 거미와 잠자리, 나비가 도우러 왔다. 그날은 보슬비가 내려서 달팽이가 행동하기에는 아주 좋은 날씨였다.

그렇지만 달팽이는 몸이 피곤하다며 이사를 못하겠다고 했다.

"오늘도 안 되겠어. 저 비 때문에 산을 넘기 힘들 거야."

그런 일이 있고 나서 다시는 아무도 달팽이의 이사를 도우러 오지 않았다. 달팽이는 괴로울 때면 산 너머를 생각하며 중얼거렸다.

'나는 몸이 약한 게 탈이야. 그렇지 않았다면 지금쯤 저 산 너머에서 행복하게 살고 있을 텐데.'

모든 것은 마음먹기에 달렸고 자신이 하기 나름이다. 컴퓨터를 잘하고 싶으면 시간을 정해놓고 공부를 하면 될 것이고 테니스를 잘치고 싶으면 연습을 하면 될 것이다. 모든 것은 환경에 의존하는 게 아니라 자기 자신에게 의존해야 한다. 아이가 무언가 결심을 하고 실행하려 하면 절대 간섭을 하지 말아야 한다. 다만 어제 단단하게 묶었던 끈일지라도 오늘은 느슨해지기 쉽고 또 내일은 풀어질지도 모른다. 그럴 때마다 잠시 쉬면서 끈을 묶을 수 있는 시간만 알려주면 되는 것이다.

아이에게 감동을 주는 말

✸ 정말 너를 사랑한단다

사랑한다는 말처럼 아이가 좋아하는 말은 없다. 늘 아이에게 사랑한다는 확신을 심어주고 또 말로도 표현해주어야 한다. 마음으로 사랑한다는 것을 느끼지만 귀로 듣는 것은 또 색다르게 다가오기 때문이다. 아이에게 제일 중요한 것은 자기가 부모로부터 사랑받고 있다는 확신이다. 아이가 엄마의 사랑을 확신하고 있다면 아이는 긍정적인 자아를 가질 수 있고 자신감 있는 성격으로 자라게 된다. 아이들에게 자주 사랑한다고 말해주는 것이 좋다.

✹ 틀려도 괜찮아

소심한 아이들은 틀릴까 봐, 혹은 잘못했다는 말을 들을까 봐 두려워하기 때문에 어떤 행동을 하면서 상당히 조심스러워한다. 이럴 땐 아이가 용기를 가지고 어떤 일에 도전해볼 수 있도록 엄마가 항상 격려하는 말을 해주면 좋다.

"틀리면 어때? 틀려도 괜찮아, 실수는 누구나 해." 등의 말로 아이가 낯선 경험에 부딪힐 때 잘 헤쳐나갈 수 있도록 유도하면 성격 발달에 도움을 준다. "이럴 줄 알았어. 이것도 제대로 못하니?"라는 말을 한다면 다시는 아무것도 하려들지 않을 것이다.

✹ 네가 최선을 다했다면 그걸로 됐어

엄마가 결과에 집착하면 아이 또한 지나치게 경쟁적인 아이로 자라기 쉽고 엄마가 보는 데서는 잘하려고 노력하지만 없으면 아무렇게나 행동할 수 있다. 아이 스스로 열심히 했는데 결과가 좋지 못하다면 가장 실망할 사람은 바로 아이 자신이다. 아이가 노력한 그 과정에 관심을 가지고 칭찬해주자.

아이가 수학경시대회 시험을 보고 점수를 알려주었다. 형편없는 점수에 내가 놀라는 표정을 지으니 아이는 생각보다 시험이 어려웠다고 투덜거린다.

"어려운 게 아니라 공부를 안 해서 그런 거 아닐까?"

"아냐, 이번엔 정말 열심히 했어. 수학 문제집도 다 풀고 어제도 늦게까지 공부했는걸."

"그랬다면 할 수 없지, 최선을 다한 결과라면 어쩌겠니. 하지만 너의 공부 방법이 틀렸던 것은 아닐까? 왜 열심히 했는데도 이런 결과가 나왔는지 스스로 고민해볼 필요가 있을 거 같아. 시험 보느라 수고했어. 맛있는 간식 해줄게, 기운 내."

"다음엔 더 잘 볼게, 핫케이크 먹고 싶은데 그거 해주세요."

아이는 쓰지도 않던 존댓말을 섞어가며 미안한 듯이 웃으며 힘없이 제 방으로 들어가 문제집을 펴들고 살펴보기 시작했다.

아무리 결과가 좋더라도 과정이 나빴다면 그 일은 훌륭한 일이 아니라는 걸 일깨워주는 것이 좋다. 열심히 노력하는 태도의 소중함을 일찍부터 깨쳐줘야 아이가 건전한 사고방식을 가질 수 있다.

✿ 넌 잘할 수 있어

잘하지 못할 것이라는 두려움이나 잘 모른다는 것 때문에 중도에서 포기하거나 시작조차 하지 않으려는 아이가 있다. 이럴 때 엄마의 말 한마디는 아이에게 천군만마를 얻은 것처럼 자신감을 주게 된다. 믿는 대로 된다는 말이 있다. 아이에게 항상 "너는 잘할 수 있을 거야. 끝까지 해보는 거야." 등의 말을 들려준다. 아이는 이런 말을 들으면서 자신감이 생기고 자신을 믿게 되며 어떤 일을 하더라도 끝까지 최선을 다할 것이다.

✿ 엄마가 안아줄게

어릴 때는 곧잘 달려와 부모 품에 안기기를 좋아하는데 자라면서는 그 행동을 잘 하려들지 않는다. 그것은 사랑의 표시일 수도 있고 서로의 감정이 전해지는 자연스런 스킨십이 되기도 한다. 엄마와 아이는 서로 만지면 만질수록 애정이 깊어진다. 커서 아이가 쑥스러워 하더라도 자주 "안아줄게, 이리 와."라는 말을 해준다. 아이들만 쑥스러운 것은 아니다. 아이가 불쑥 커버리니까 그 말이 쉽게 나오지 않는 게 사실이다. 하지만 부모의 따뜻한 스킨십은 아이의 마음을 안정시키고 부모를 신뢰하게 만든다.

❀ 오늘 하루 즐거웠니?

평소 아이와 많은 이야기를 나누는 것 같지만 가만히 생각해보면 지시와 잔소리와 건조한 일상의 대화만 나눈 건 아닌지 반성해볼 일이다. 부모들은 "선생님 말씀 잘 들었니? 뭐 배웠니? 책상 좀 치워라." 등 아이의 기분이나 상태를 궁금해하기보다는 아이의 행동과 과제 완수에 더 관심을 보이는 질문들만 한다.

아이들에게 오늘 하루 중 가장 즐거웠던 일을 물어보는 것은 엄마와 아이의 대화를 질적으로 한 단계 올려줄 뿐 아니라 아이 스스로 즐거운 일을 자꾸 만들 수 있게 해주는 효과도 있다. "오늘 재미있는 일이 뭐였어? 즐겁게 지내다 왔어?" 이런 질문을 해보자.

❀ 먼 산과 하늘을 쳐다봐

도시에 사는 아이들은 사실 자연과 정서적으로 친숙해질 기회가 없다. 여름 산이 얼마나 푸르고 아름다운지, 하늘색이 어떻게 변하는지, 계절에 따라 나무가 어떻게 변화해가는지 직접 느낄 수 없다면 학습으로라도 자연에 친밀감을 느끼도록 해줘야 한다.

늘 자연의 소중함을 일깨우고 자연을 느끼고 생각할 줄 아는 아이로 키워야 정서적으로도 안정된다. 하늘을 보는 것은 뭔가 더 높은 곳을 향한, 미래의 꿈과도 통할 수 있다. 아침에 창문을 열면서 먼 산과 눈길을 마주치고 하늘에 구름이 얼마나 떠 있는가를 보라고 항상 말해주면 저절로 습관이 된다. "먼 곳을 바라보면 눈이 좋아진대."라며 말하기도 하고 가끔 집 앞에 나와 하늘을 같이 보며 별을 세어보는 것도 좋다.

❀ 감사합니다, 죄송합니다

인사는 관계를 형성하는 최초의 언어 통로이다. 친구를 만나면 반갑게 인사할 줄 알고 도움을 받았으면 당연히 고마워할 줄 알아야 한다. 또 잘못했으면 당당하게 미안하다고 말할 줄 아는 아이로 키워야 한다. 엄마가 먼저 모범을 보이는 것이 좋다. 인사하는 습관을 정확하게 사용해야 한다.

예절이나 예의는 윗사람에게서 배우는 것이다. 나는 아이가 식사를 하기 전에 꼭 "잘 먹겠습니다."라는 인사를 하도록 시켰다. 식사가 끝난 뒤에도 마찬가지이다. 그러다보니 어딜 가서도 먹기 전에는 큰 소리로 인사를 한다. 그것은 음식을 차린 사람에 대한 고마움의 표시인 것이다.

대화하라, 그리고 토론하라

6

아이들과 대화를 하는 것은 즐거운 일이다.

대화를 나누다 보면 재미있고 흥미로운 이야기가 이어질 수도 있다.

대학 입시에서 논술의 비중이 커지면서 중·고생은 물론 초등학생까지

논술 공부에 여념이 없다. 하지만 논술이 하루아침에 이루어지는 것이 아니기 때문에

부모들은 자신이 직접 할 수 있는 분야가 아니라고 생각하고 사교육에 의존한다.

그러나 엄마와 토론하는 습관을 기르게 되면 논술의 기초를 튼튼하게 만들 수 있다.

우리 집은 식사 시간에 텔레비전을 켜놓는다. 굳이 식탁을 두고 상을 차려 거실로 들고 가서 텔레비전을 보며 먹는 것이다. 모두들 밥 먹으며 시선은 바보상자에 머물러 있다. 식사 시간이 끝나면 아이는 제 할 일을 하고 남편은 피곤을 핑계로 일찍 잠자리에 들고 나는 부엌일을 하거나 개인적인 일을 한다.

그러다보니 한동안 가족이 모여 대화를 나눌 수 있는 시간이 거의 없었다. 아침 시간에는 남편이 제일 먼저 출근하고, 아이가 등교하니까 가족 모두가 모일 수 있는 유일한 시간이 저녁 시간인데도 불구하고 그 시간마저 무의미하게 지나가는 것이다. 그래서 이대로는 안 되겠다는 생각이 들어 어느 날 텔레비전을 꺼버렸다.

"우리 가족은 너무 대화가 없는 거 같아. 이렇게 모일 수 있는 시간이 많은 것도 아니고 평상시에도 각자 할 일들 때문에 이야기할 시간이 없잖아. 그러니까 식사 시간만이라도 서로를 쳐다보는 시간이 되었으면 좋겠어."

두 사람의 투덜거림은 한참 동안 이어졌지만 결국 식사 시간만큼은 텔레비전을 보지 않고 대화하며 식사를 하기로 합의를 보았다. 처음에는 정말 조용한 식사 시간이 되었다. 수저가 상에 부딪히는 소리, 씹는 소리 외에는 아무 소리도 들리지 않고 아이는 지루해했다. 나도 별로 할 말이 없기는 마찬가지였다.

그런데 이틀 정도가 지나고 나니까 자신들의 이야기를 하기 시작했다. 학교 생활, 친구와의 대화, 기분 좋았던 일, 나빴던 일 등을 재잘거렸고 남편도 그런 이야기에 귀를 기울였다. 평소에 이것저것 시시콜콜 물어보지 않아 몰랐던 부분들도 알게 되고 혹시 고민거리를 들었을 때는 다 같이 해결책을 찾기도 했다. 서로 말이 오가기 시작하자 식사 시간은 다시 즐거워졌고 텔레비전이 없어도 아무렇지 않게 되었다. 식사가 끝난 뒤에도 엄마와 아빠 옆에 붙어 앉아 재잘거리는 것이 습관이 되어갔다.

아이와의 세대 차를 좁혀라

이 세상 부모들이 자식에게 바라는 가장 큰 소망은 무엇일까? 흔히 '공부 열심히 해서 좋은 대학 가고 좋은 직장에서 돈 많이 벌어 잘사는 것' 일 것이다. 그러나 요즘은 막연하게 "공부 잘해야 잘살 수 있으니까."라는 말이 무색해지고 있다. 박사 명함을 가진 실업자도 수두룩하고 다른 '사' 자를 가진 직업도 아이들 입장에서 그렇게 매력적이지 않다. 그런데도 부모는 그런 현실을 외면한 채 자식이 성공하는 유일한 방법은 공부를 잘하는 것이라고 생각한다. 자신이 못했던 공부를 자식을 통해서 원수 갚듯이 하려고 한다.

그러나 아이들은 '오로지 공부만이 살 길' 이라는 부모를 이해하지 못한다. 부모가 어렸을 때 무슨 고생을 하며 살아왔는지 잘 모른다. 그렇기 때문에 왜 부모가 눈만 마주치면 '공부' 를 외치며 닦달하는지 알 수가 없다. 부모 입장에서는 "내가 가난해서 하고 싶은 공부를 마음대로 못했어. 그래서 이렇게 힘들게 사는 거야. 너희는 공부 열심히 해서 나처럼 살지 마라." 혹은 "세상을 너보다 더 많이 살아온 경험으로 공부를 못하면 세상 살기 힘들어, 공부해라."라는 식의 설교를 하게 된다. 자신의 경험을 아이가 알아주고 이해해주길 바라는 것이다. 하지만 아이 입장에서는 부모의 '어렸을 때' 이야기가 달갑지 않다. 부모가 자라온 환경과 아이가 자라는 환경은 다르다. 그런데도 부모의 눈은 자신의 어린 시절에 맞추어져 있다. 이런 시각의 차이가 부모와 아이의 대화를 가로막는다.

　얼마 전에 친구들과 노래방을 간 적이 있었는데 모두가 대부분 우리가 10대 후반에서 20대 초에 즐겨 불렀던 노래가 주류를 이루었고, 개중에는 아예 트로트 일색인 친구도 있었다. 그러나 모두가 아는 노래이다보니 그런대로 흥이 있었는데 한 친구가 최신곡을 부르는 것이다. 가수 이름은 알겠는데 노래는 전혀 알지 못했다. 친구들은 놀란 표정으로 환호성을 지르며 부러워했다. 언제부터인가 신곡은 우리에게 맞지 않는다는 생각을 가지게 되었다. 또한 가요 프로를 안 본 지도 꽤 오래되었다는 생각이 들었다. 그러다보니 아이들이 가요를 부르고 다니면 "무슨 그런 노래를 부르고 다니니? 그것도 노래냐?"라고 할 때가 있다. 가만히 생각해보면 나도 내 아이만 했을 때 가요를 신나게 불렀는데도 그런 소리를 하는 게 우습기도 하다. 내가 겪은 경험만이 좋고 옳은 것은 아니다. 아이들 세대의 경험과 인식을 무시하려 든다면 세대 간의 격차를 좁히지 못한다.

✿ 아이들의 문화 받아들이기

　아이들은 유행에 민감하다. 하지만 부모의 입장에서 보면 그 유행이라는 것이 못마땅하다. 노랗게 염색을 하고 찢어진 청바지를 엉덩이에 반쯤 걸쳐 입거나 아슬아슬한 미니스커트를 입는다. 게다가 중학생만 되면 화장도 하고 다니니 한숨만 나올 뿐이다. "도대체

하라는 공부는 안하고 꼬락서니가 그게 뭐냐?" 하고 부모가 싫어해도 아이들은 자신들의 문화를 살아간다. 하지 말라고 하면 숨어서라도 더 하고 싶은 게 사람의 마음이다. 유행은 전염병과도 같다. 내 아이만 비켜가기를 바란다면 욕심이고 그 세대의 문화를 제대로 누리지 못한 아이도 불행하다.

어느 날부터인가 은미가 친구를 만나러 나갈 때면 치장을 하는 시간이 길어졌다. 머리를 묶었다가 풀어보기도 하고 옷을 입었다 벗기를 반복하더니 화장품이 있었으면 좋겠다는 푸념을 하기도 했다. 엄마는 아무 말 하지 않고 잠자코 아이가 하는 양을 지켜만 보고 있었다. 드디어 아이는 시간이 촉박해서야 허둥지둥 방을 나왔는데 옷차림새에 숨이 막혔다. 언제 샀는지 보지 못했던 아슬아슬 짧은 미니스커트를 입고 나온 것이다.

"너 그걸 옷이라고 입은 거니? 당장 갈아입지 못하겠니?"

"요즘 다 이렇게 입고 다녀, 이거 살려고 용돈을 얼마나 모은 줄 알아?"

"그래도 안 돼, 제정신이야. 속옷이 다 보일 지경이잖아."

"안 돼, 다 미니스커트 입기로 했단 말이야, 다녀올게요."

은미는 쏜살같이 뛰어나갔다. 들어오면 뭐라고 야단을 쳐야 할지, 왜 말을 안 듣는지 엄마는 속상하고 자존심이 상하기도 했다. 엄마 말보다 친구들과의 약속을 우선으로 하는 아이가 괘씸했다. 하지만 저녁에 들어온 아이에게 엄마는 아무 말도 하지 않았다. 좀 더 지켜보기로 한 것이다. 한동안 잘 입더니 어느 날부터는 바지만 입는 것이다.

"왜 치마 안 입어? 요즘은 안 입는 거 같더라."

"불편해, 보일까 봐 마음대로 움직이지도 못하겠어."

✹ 아이의 말에 귀 기울이기

대부분의 부모는 자신의 말을 자식이 잘 따라줘야 한다고 생각한다. 그래야 '착한 아이' 라는 것이다. 그러다보니 일방적으로 조언을 하거나 충고를 하는 일이 많다. 왜냐하면 인생의 선배로써 자식은 자신보다 덜 고생하며 살기를 바라기 때문이다. 어쩌다 자식이 그 기준에 벗어나거나 반론이라도 하면 들어주지 않고 야단을 치거나 때리기도 한다. 아이의 개성이나 특성보다도 자신이 정해놓은 기준을 먼저 생각하는 것이다. 부모의 이런 일방적인 태도는 아이와의 사이를 더 멀어지게 할 뿐이다.

중요한 것은 아이의 말을 들으며 해결사가 되려고 하거나 이러쿵저러쿵 잔소리를 하지 말라는 것이다. 만약 아이가 자신의 고민이나 있었던 일을 말했을 때 너무 큰 반응을 보이거나 꼬치꼬치 캐묻고 심각하게 받아들이면 아이는 지레 겁을 먹게 된다. '내가 말을 하면 엄마는 또 놀라실 거야.' '이런 말 하면 아빠가 잔소리를 하겠지.' 아이가 이렇게 생각을 하게 되면 더 이상 말을 하려들지 않는다. 그저 가만히 들어주고 자신의 일에 관심을 가져주고 있다는 것을 느낄 정도면 충분하다.

아이도 자신의 미래에 대해 부모 못지않게 생각이 많다. 그러므로 진정 아이를 생각하고 행복하게 해주고 싶다면 윽박지르거나 부

담을 줘서는 안 된다. 그것보다는 아이의 생각을 열심히 들어주고
용기를 주면서 더 좋은 방향을 찾을 수 있도록 조언자의 역할을 해
야 한다. 그러면 정말 중요한 문제에 부딪혔을 때 아이는 부모를 제
일 먼저 찾게 된다.

✸ 공통의 관심사를 찾기

내 아이들이 무엇을 좋아하는지 알고 있다면 한번 따라해보는 것
도 좋다. 혹은 아이에게 "나도 그것을 배우고 싶은데 좀 가르쳐줄
래?" 하고 흥미를 보이면 아이는 아마 신이 나서 가르쳐주려고 할
것이다. 아이들이 부모의 말보다 친구들을 더 좋아하는 것은 그들
과 공통의 관심사가 있어 말이 통하기 때문이다. 아이가 관심을 갖
는 것을 무조건 좋지 않은 방향으로 생각하는 것보다 오히려 같이
즐길 수 있을 때 아이는 부모를 신뢰하고 자신의 모든 것을 보여주
게 된다. 아버지라면 아들과 같이 축구를 즐기거나 운동을 해도 좋
고 영화를 같이 보거나 아이가 좋아하는 게임을 같이 해보는 것도
좋은 방법이다.

내 아이는 게임을 무척 좋아한다. 아마 아무 말 하지 않는다면 하
루 종일 할지도 모른다. 시간을 정해줬는데도 제시간에 끝내본 적이
없다. 나는 이해할 수가 없었다. 옆에 시계도 있는데 하다가 시간이
다 되면 왜 알아서 끄지 못하고 잔소리를 하게 하는지 알 수가 없었
다. 어느 날 게임을 하는 아이 옆을 지나가다가 호기심이 생겨 물어
보게 되었다.

"그게 뭐야, 어떻게 하는 거야?"

"이거 영웅인데 캐릭터를 키워서 싸우는 거야. 가르쳐줄까?"

아이는 신이 나서 설명을 시작했고 새로운 캐릭터를 만들어 나에게 해보라는 것이다. 하다가 실수로 죽자 아이는 흥분을 해서 나에게 신경질을 부리기도 한다. 게임 때문에 내가 엄마라는 사실도 잊은 모양이었다.

"미안해, 넌 처음부터 잘했니? 치사하다."

그러자 아이는 다시 감정을 자제하고 웃었다. 아이가 학교에 간 사이에 혼자 하게 되었는데 한 시간이라는 시간이 굉장히 빠르다는 것을 알았다. 얼마 하지도 못했는데 금방 가버리는 것이다. 아이에게 일주일에 하루, 한 시간만 하라는 것은 어쩌면 고문이었다는 생각이 들었다. 그래서 아이의 게임 시간을 늘려주기로 했다.

무조건 나쁘니까 하지 말라고 반대하는 것보다는 아이의 관심사에 동참을 해보면 왜 아이가 좋아하는지 알게 되고, 그만큼 서로 할 말이 많아진다.

❀ 세대 차이가 가져오는 문제점

세대 차이의 발생 원인은 빠르게 변화를 거듭하는 사회와 대중매체의 영향, 기성세대와의 가치관 차이, 그리고 사회현상에 대한 다른 시각 등이다. 세대 차이는 세대 간의 불신과 갈등을 유발하고 심각한 청소년 문제를 유발한다.

흡연이나 범법 행위, 가출 등을 하는 청소년을 무조건 불량한 아이로 치부해버리고 기회를 주지 않는 사회 때문에 인생을 망친 사람들을 매체를 통해 보게 된다. 한번의 실수로 사람들은 무조건 자신을 질적으로 나쁜 사람으로 보게 된다. 그러면 아이는 점점 자신감을 잃게 되고 자신을 원망해 더더욱 범죄에 찌들어가거나 사회악으로 변하게 된다. 세대 차는 지금까지도 존재해왔고 앞으로도 그럴 것이다. 어른의 가치관으로 아이들을 저울질해서는 안 된다. 어른의 시선에 맞추려 하지 말고 그들의 시선으로 보아야 한다.

소년을 얕보지 말라

- 베든 포우웰

소년을 얕보지 말라.
그 아이의 집이 보잘것 없는 집이라고 그 아이를 얕보지 말라.
에이브러햄 링컨의 집도 통나무집이었다.

그들의 부모가 무식하다고 소년을 얕보지 말라.
셰익스피어의 아버지는 자신의 이름조차 쓸 줄 몰랐다.

그들의 직업이 보잘 것 없다고 소년을 얕보지 말라.
『천로역정』의 저자 존 버니언도 땜장이였다.

육체적 결함이 있다고 해서 소년을 얕보지 말라.
밀턴도 헬렌 켈러도 앞을 보지 못했다.

소년을 얕보지 말라.
그들의 인생 행로에 있어 언젠가는 앞장설 수 있어서가 아니라
그것은 옳은 일이 아니고 불친절한 일이고,
옳지 않은 일이며 무례한 일이기 때문이다.

함께 수다를 즐겨라

아이들과 대화를 한다는 것이 대부분 일방적인 부모의 가르침이
될 수도 있다. 부모는 자신이 옳다고 생각되는 일을 아이가 무조건
따라야 한다는 식이며 그렇지 않을 경우에는 강압적이 될 수도 있다.

아이들은 자신의 말이 통하지 않는 부모의 명령에 복종할지는 몰
라도 더 이상 대화를 하려고 하지 않는다. 어차피 통하지 않는다는
것을 알기 때문이다. 대화의 창이 닫히면 마음의 문도 걸어잠그게
되기 때문에 아이가 자신의 생각을 이야기할 때는 마음껏 쏟아내게
해야 한다. 부모는 진지하게 들어주며 때론 마음에 들지 않더라도
아이의 의견을 존중해줄 수 있어야 한다.

아이와 놀아주는 시기는 빠를수록 좋다. 아이는 초등학교 5학년
만 돼도 부모가 자신에게 말을 걸고 무언가를 유도하는 것을 귀찮아
한다. 하지만 어려서부터 아이와 친밀감이 두터운 가족은 이런 시
기가 늦게 찾아온다. 어린 시절부터 부모와 가까운 아이는 학년이
높아져도 부모와 이야기하고 노는 것이 어색하지 않고 항상 친구 같
은 느낌이 들기 때문이다.

❀ 친구처럼 농담하기

부모는 대부분 아이들에게 "하지 마."라는 말을 더 자주 한다. 그러다보니 아이들은 무엇은 해야 되고 어떤 것을 하지 말아야 하는지 자신도 모르게 된다. 이렇게 아이들에게 잔소리로 통제만 하다보면 아이가 학년이 높아지고 철이 들수록 서먹해지고 멀어지는 시기가 빨리 올 수밖에 없다. 잔소리를 듣기 싫으니 자신의 사생활에 대해서는 거의 말을 안하게 되고 야단맞을 짓도 몰래 하게 되니 부모 눈치만 볼 뿐 친밀감이라곤 찾기 힘들다.

아이와 친해지고 싶다면 아이의 눈높이에서 대화를 하고 친구처럼 말을 걸어주면 쉽게 마음을 연다. 놀이를 하더라도 무조건 아빠가 규칙을 정해 아이가 따라오도록 하는 것이 아니라 한번쯤은 아빠가 아이가 정한 룰에 맞춰 행동도 하고 아이의 리더십을 한껏 발휘하도록 놔두는 것이 중요하다.

어색한 분위기를 없애는 데는 농담이 최고다. 툭툭 치면서 어색한 분위기를 없애고 짓궂은 농담거리라도 던지면 아이는 바로 반응이 온다. 아무리 몸과 마음이 커져도 부모가 영원한 친구임을 인식시켜주면 사춘기 때의 거친 모습이나 반항도 줄어들게 마련이다.

❀ 공통 화제 만들기

아이들과 수다를 떨 수 있는 가장 좋은 방법은 공통의 화제거리를 찾는 것이다. 아이가 좋아하고 아끼는 것이라면 더욱 말이 많아지게 된다. 아이와 부모가 기본적인 공통 분모를 지니고 있어야 부모가 아이에게 관심을 갖고 또한 아이도 부모가 자신을 어떻게 생각하고 있는지 알게 된다.

아이가 학교에서 어떤 친구를 사귀고 있으며 요즘 가장 재미있어 하는 만화나 게임은 어떤 것이고 좋아하는 반찬과 싫어하는 반찬은 무엇인지 알고 있어야 한다. 이런 사소한 관심이 아이와 자연스럽 게 대화를 할 수 있는 기본적인 요건이다.

여기서 중요한 것은 수다를 떨더라도 먼저 아이의 말을 귀담아들 어줘야 한다는 것이다. 80% 정도는 아이가 이야기를 하게 두고 나 머지 20%만 부모의 이야기가 되어야 한다. 또한 이야기를 들으며 부모가 재판관이 되어 아이의 이야기를 판단하고 결론을 짓는 것이 아니라 배심원의 입장에서 이런저런 생각을 이야기해줘야 한다.

다음으로는 대화의 내용을 업데이트해야 한다. 부모가 바쁜 관계 로 일주일에 한 번 정도밖에 대화를 할 수 없는 상황이라면 부모는 아이의 일주일 간의 변화에 누구보다 촉각을 곤두세울 필요가 있 다. 지난주 얘기했던 사건을 가지고 다시 일주일이 지난 뒤 이야기 를 꺼낸다면 아이는 부모가 자신의 이야기를 건성으로 듣는 것으로 알거나 대화를 재미없어한다.

요즘 내 아이와 가장 많이 수다를 떠는 화제는 역시 게임이다. 게 임 이야기를 할 때 아이는 더 생기가 넘친다. 내가 바쁘거나 신경이 예민해져 있을 때 게임 이야기를 꺼내면 속으로 짜증이 난다. 하지만 즐겁게 들어주려고 노력한다. 아이는 내가 자신과 같은 게임을 공유 하면서 더 풍부한 이야기거리가 생긴 것이 좋은 모양이다. 우리는 캐 릭터와 무기, 그리고 게임 상의 친구들에 대해서 수다를 떨며 서로가 몰랐던 부분도 가르쳐주는 것이다. 때론 렙을 올려주면 시키는 대로 다하겠다는 말도 안 되는 소리도 해가며 애원하기도 한다.

그리고 자기 전에 아이와 이야기를 하는데 마치 할머니에게 옛날 이야기를 듣듯이 아이들은 나의 어린 시절 이야기를 해달라고 조른다. 신기한 나의 어린 시절 이야기는 늘 인기 만점이며 궁금한 것도 많은지 질문도 끝이 없이 이어지곤 한다.

때론 치열하게 토론하라

아이들과 이야기를 하다보면 조리 있게 말을 잘하는 아이 때문에 반박을 못하고 말문이 막힌 적이 있다. 약속을 지키지 않았다거나 해야 할 일을 안 했을 때 아이는 조목조목 이야기를 하는 것이다. 아무리 엄마라도 나의 잘못을 인정하지 않을 수 없게 만들곤 한다. 그렇지만 "시끄러." 하는 말로 얼버무리거나 "네가 뭘 안다고 조그만 게."라는 말을 하지 않는다. 내가 먼저 잘못을 인정해야 아이도 잘못했을 때 그것을 인정하게 되는 것이다.

아이가 어려서 아직 치열하게 토론을 한다는 것보다는 일방적으로 내가 설명을 해주고 아이는 그것을 이해하고 받아들이는 입장이다. 그렇기 때문에 항상 조심스러운데, 왜냐하면 내가 가지고 있는 가치관만을 아이에게 전달하기 때문에 자칫 엄마가 하는 말은 모두가 옳고 엄마의 가치관을 따라가야 한다고 생각할 수 있다.

조카는 시골에서 학교를 다닌다. 그런데 어느 특정 인물에 대한 거부감이 굉장히 노골적이었다. 그 인물은 조카가 태어나기 전의 사람이어서 제대로 알지 못할 거라고 생각했는데 여러 가지를 열거하며 그래서 그 인물은 아주 나쁘다는 것이다. 내가 누구에게 그런 이야기를 들었냐고 하니까 아버지가 해주었다는 것이다.

우리 둘은 서로 그 인물에 대해 아는 대로 이야기를 했다. 조카의 입에서는 단점이나 나빴던 행동에 대해 나왔고 나에게서는 장점이 나왔다. 그러자 조카는 "그런 일도 했어요?" 하고 되묻는다. 우리는 서로의 생각이 무엇이 문제이고 어떤 것이 옳은가에 대해 오래도록 이야기를 나누었다. "아, 헷갈리네. 지금까지 나쁜 사람이라고만 생각했는데." 아이가 가졌던 관점에 금이 가는 모양이었다. "사람은 누구나 자신이 보고 싶은 면만 보게 되지. 너처럼 그런 쪽만 보면 한없이 악한 사람이지만 나처럼 그 인물을 좋아하는 사람은 좋은 점만 보는 거야. 둘을 놓고 비교할 줄도 알아야 하고 한번쯤 뒤집어볼 수도 있어야 너의 생각으로 걸러서 받아들이게 돼."

아이들과 대화를 하는 것은 즐거운 일이다. 대화를 나누다 보면 재미있고 흥미로운 이야기가 이어질 수도 있다. 대학 입시에서 논술의 비중이 커지면서 중·고생은 물론 초등학생까지 논술 공부에 여념이 없다. 하지만 논술이 하루아침에 이루어지는 것이 아니기 때문에 부모들은 자신이 직접 할 수 있는 분야가 아니라고 생각하고 사교육에 의존한다. 그러나 엄마와 토론하는 습관을 기르게 되면 논술의 기초를 튼튼하게 만들 수 있다.

❀ 대화로 논리력을 키운다

아이들이 가장 친숙하고 편안하게 이야기할 수 있는 상대는 역시 부모다. 이 점을 이용해 아이와 대화하는 폭을 넓혀 수시로 토론하는 습관을 들이자. 우선 아이가 책을 읽고 나면 잠시 생각을 표현하도록 해야 한다. 책의 내용을 간략하게 말하게 하거나 얼마만큼 이해했는지 이야기를 시켜본다.

부모와 아이가 함께 책을 읽고 서로의 느낀 점과 생각을 말해보는 것이다. 아이에게 왜 그렇게 생각하니? 네가 주인공이라면 어떻게 했을까? 등의 질문을 던져 아이 스스로 인과관계를 따지고 자신의 생각을 전달하는 능력을 길러준다.

대화를 할 때 주의를 해야 할 점은 부모와 아이가 적당한 거리를 유지해야 한다는 것이다. 부모의 생각이나 의견을 아이가 그대로 받아들이게 되면 스스로 생각하는 능력을 기를 수 없기 때문이다.

❀ 아이의 말을 경청한다

아이들은 자신이 알고 있는 이야기에 대해 진지함을 보인다. 설령 그것이 터무니없는 말일지라도 중간에 "그런 게 어디 있니? 그건 잘못된 생각이야." 하며 끊어서는 안 된다. 끝까지 들어주고 아이의 생각에 대한 부모의 반론을 시작해야 한다. 물론 이것도 아이를 이해시키려는 것이 아니라 "이건 엄마의 생각일 뿐인데." 혹은 "난 이렇게만 알고 있었거든." 하며 아이에게 생각할 수 있는 시간을 줘야 한다.

한 가지를 바라보는 시선은 다양하다는 것을 아이에게 말해줘야 하며 아이가 자신의 생각을 버리지 않는다고 해도 "왜 그렇게 말을 못 알아듣니? 그건 틀린 생각이야."라는 식으로 윽박지르면 더 이상의 토론은 불가능하다.

✿ 브레인스토밍

브레인스토밍은 구성원이 자발적으로 제출하는 아이디어를 모아 어떤 구체적인 문제 해결 방법을 발견하려는 시도로 회의의 테크닉이다. 종래의 틀에 박힌 형식의 회의는 제안을 해도 윗사람의 반대에 의해 거부되면 무용지물이지만 브레인스토밍은 일반 회의에 비해 단시간에 많은 아이디어를 모아 문제 해결에 도움이 되는 방안을 강구할 수 있는 것이다.

아이와 어떠한 문제를 놓고 해결 방안을 찾으려고 할 때 이용해보는 것이 좋다. 특히 가족 회의를 하는 자리라면 모두가 자유롭게 발언을 하고 문제점을 찾아 해결 방안을 모색해 보는 것이다. 브레인스토밍은 자유토론 형식이라 때에 따라서는 아이들이 가지고 있었던 좋은 생각과 기발한 아이디어들을 재미있게 들어볼 수 있다. 이런 브레인스토밍이 습관화 한다면 사회생활을 하는 데도 많은 도움이 될 것이다.

> 66
>
> **브레인스토밍의 원칙**
> • 비판은 끝날 때까지 보류한다.
> • 어떠한 아이디어라도 거침없이 말할 수 있게 해야 한다.
> • 가능한 많은 아이디어를 쏟아내도록 격려한다.

✿ 패배를 인정할 줄 알아야 한다

때론 아이와 말씨름을 하다가 내가 불리하다고 생각되면 그 자리를 피하거나 "귀찮아, 그만해." 하며 잘라버리는 경우가 있다. 그런 면에서는 어른이 아이들보다 더 이기적이다. 자신보다 한 수 아래라고 생각하는 아이에게 패배를 인정하기 싫기 때문이다. 그러나 부모의 그런 태도를 아이도 똑같이 따라하게 된다.

누군가와 이야기를 하거나 회의를 하는 자리에서 자신의 뜻이 관철되지 않고 상대방에게 불리하다고 생각되면 도망을 치거나 불같이 화를 내게 된다. 그러므로 아이의 말이 타당하고 좋다면 "네 말이 옳다. 그래, 내 생각이 조금 짧았구나." 하며 아이를 인정해줘야 한다. "그런 생각까지 하다니 놀라운걸, 엄마도 몰랐던 사실인데 너에게 배웠구나. 알려줘서 고맙다." 하고 격려를 해준다면 아이 역시 좋은 화제를 놓고 부모님과 토론하는 것을 즐기게 될 것이다. 한 가지 명심할 것은 토론이 격해져서 조금 언성이 높아져도 '버릇 없는 아이' 취급을 해서는 안 된다는 것이다.

성에 대해 대화하라

성에 대해 아이들과 터놓고 대화를 하는 것은 나에게도 아직 익숙하지 않은 일이다. 왜냐하면 나는 체계적으로 누군가에게 성교육을 받아 본 적도 없고 그것은 부끄럽고 함부로 입에 올려서는 안 되는 것으로만 인식하고 살았던 사람이기 때문이다.

어느 정도 자라 궁금한 것이 하늘만큼인 딸아이는 어느 날부터인가 아이를 낳거나 결혼하는 것에 관심이 무척 많아졌고 꼬치꼬치 나에게 물어보기 시작했다. 처음에는 아빠에게 "아기는 어디서 나와?"라고 물어보았는데 당황한 남편은 "엄마한테 물어봐."라며 나에게 넘기고 말았다. 이야기를 해주긴 해야겠는데 어떻게 설명을 해야 할지 난감했다.

언젠가 "엄마랑 아빠랑 사랑하는 사이라서 너희들이 태어났어."라고 말했더니 아이는 "그럼 내가 엄마를 사랑하는데, 아이 생겨?"하는 질문을 받아야만 했다. 그래서 좀 더 구체적으로 아이들에게 성에 대해서 진지하게 이야기를 할 때가 된 것이고 아이들의 궁금증을 풀어줘야 한다는 생각을 했다. 회피하고 얼렁뚱땅 넘어간다면 자칫 아이는 성에 대해 막연한 지식으로 엉뚱한 일이 생길지도 모른다. 요즘은 세상이 많이 험해 아이들의 성교육을 더 철저하게 시킬 수밖에 없다.

✿ 7~9세 아이의 성교육

이 시기의 아이들은 남녀의 신체적 차이를 확실히 이해하고, 자신의 신체를 노출시키는 것을 수줍어한다. 친밀감의 표현으로 상대방에 대한 감정적 표현을 하기도 한다. 남자아이는 남자아이끼리, 여자아이는 여자아이끼리 또래 집단을 형성하고 이성에 대하여 배타적인 성향이 나타나기 시작한다. 이때의 성교육은 아이들이 임신과 출생에서의 정신적, 신체적 변화와 사춘기의 성징에 대한 기초 지식을 습득하는 과정이어야 한다.

사춘기 이전의 아이들은 성적 발달 단계의 잠복기이다. 아이들은 언젠가 자신이 결혼할 것이라는 생각을 하면서도 좋아하는 이성 친구를 자기 혼자만 간직하거나 아주 가까운 친구에게만 털어놓는 소극적인 모습을 보인다. 또한 이러한 애정적 애착은 어떤 성인이나 연예인, 또는 운동선수와 같이 대중적인 인물이 대상이 되기도 한다. 자신의 상상 세계에서 감정적으로 깊이 몰입하면서 애정의 감정을 즐기기도 한다.

10세가 되면 서로 이성을 의식하고, 다소 경계를 하는 태도를 보인다. 그러나 이성에 대한 호기심을 애정으로 표현하는 대신에 놀리고 귀찮게 하면서 관심을 보인다. 최근에는 신체의 성장 속도가 빨라져서 월경이나 몽정을 경험한 아이들도 있으므로 성교육의 중요한 시기다. 2차 성징이 본격적으로 나타나기 전인 이 시기에는 성에 대한 올바른 지식을 가질 수 있도록 힘써야 한다. 이 시기에는 이성에 대한 예절이나 대화 방법 등 구체적인 대인 관계의 기술을 습득할 수 있는 교육도 함께 해야 한다.

❀ 10~12세 아이의 성교육

이 시기에는 부모도 아이들의 독립적 행동을 강조하고 장려하게 된다. 그러나 어려서 부모와의 관계가 애정적이 아니고 절대 복종적이거나 지나치게 독립심의 강요를 받았을 때는 불안감을 가지게 되고, 그 불안은 부모에 대한 반감으로 나타나게 될 수도 있다.

이 연령의 아이들에게는 남녀의 역할에 대해 알아야 한다. 남녀의 성 차이에 대한 이해를 도와 남녀 간의 보다 성숙한 관계를 이룩하도록 해야 한다. 이 시기에는 성장이 급격히 이루어지므로 신장, 체중, 흉위 등이 놀랄 만큼 증가한다. 따라서 아직 불균형한 모습을 지니게 되는데, 이러한 성장의 속도는 개인적 차이가 있다.

그러므로 개인 차로 인한 심리적 불안과 신체 발육에 있어 비율이 불균형함으로 오는 심각한 고민에 빠지는 청소년들이 많다. 때로는 신체적 발달이 늦은 청소년은 신체적 발달의 속도가 빠른 청소년들의 사회 집단으로부터 소외되기도 한다. 그러므로 신체적 변화에 대한 심리적 준비를 할 수 있도록 부모가 도와줘야 한다.

자기 자신의 신체적 발달에 관한 정보와 확신을 갖도록 도와주고, 특히 개인적 차이가 있음을 인지해 자신이 정상적인가에 대한 물음에 확신을 줄 수 있어야 한다. 특히 신체적 발달 문제에 관해 상의할 사람이 있어야 한다. 왜냐하면 신체적 성장이 제 시기에 이루어지면 성숙한 성격이 되지만, 그렇지 못할 경우에는 정서적 불안이 나타나기 쉽기 때문이다.

성교육의 기초

✱ 생식기의 구조

남자와 여자의 생식기의 구조를 설명해준다. 즉, "아기를 만들려면 아빠가 엄마를 도와줘야 한다. 어른이 된 남자 몸속에는 아기를 만들 수 있는 정자를 담은 체액이 있는데, 이것을 엄마에게 주면 엄마의 자궁 옆의 난소라는 곳에서 그 속에 있는 난자와 아빠의 정자가 만나게 되고, 난자와 정자는 엄마의 자궁 속에서 결합해서 아기가 생기게 된다."고 설명해 준다.

❋ 정자와 난자의 만남

아빠의 정자가 엄마의 난자와 만나기 위해서는 엄마의 질이란 곳을 통과해야 하는데, 아빠의 음경이 딱딱하게 되었을 때 질을 통해 정액을 보내고, 정액 속의 정자가 드디어 난자를 만나게 된다고 설명한다. 하지만 여기서 아이들은 꽤 날카로운 질문을 던지게 된다. "도대체 난자와 정자는 어떻게 만나는데요?" 정액이 걸어갈 리는 없고 아이는 그것이 궁금한 것이다.

❋ 2차 성징에 대해

여러 가지 어려운 단어들이 등장하기도 하지만 중요한 것은 호르몬의 이름이 무엇인가가 아니다. 아이들에게는 어려운 과학적 단어보다는 좀 알기 쉽게 설명해주는 것이 좋다.

"이 시기가 되면 지금까지 없었던 호르몬이 우리 몸에 생기는데 이것은 마치 지금까지 없었던 곳에 샘물 하나가 퐁퐁 솟아오르는 것과 같아. 참 신기하지?" 이렇게 하면서 호르몬이 생기면 남자는 여드름이 생기고 털이 자라게 되며 목소리도 변한다는 것을 알려준다. 그리고 여자는 호르몬으로 인해 가슴이 커지고 자궁도 발달하고 털이 생기기 시작한다고 설명한다.

❋ 신체적 변화에 대해

아이들에게 몸에 이상한 변화가 생기면 즉시 말하라고 늘 당부를 한다. 어느 날 아이가 자기 가슴이 앞으로 조금 튀어나왔는데 아프다고 말한다면 "이제 네가 어른이 될 준비를 하는구나."라고 말해주

자. 아이는 기뻐할 것이다.

✳ 월경에 대해

"엄마, 생리는 왜 하는 거야?" 어떻게 하면 쉽게 설명이 가능할까? 냉장고에 비유를 해보자. "엄마가 너의 성장을 위해 영양가가 많은 음식들을 냉장고에 사다가 넣어 두잖아. 그런데 유통기한이 지나도록 먹지 않은 음식은 어떻게 해야 하니? 바로 그거야. 우리 자궁도 아이가 생기면 주려고 자궁벽에 영양분을 차곡차곡 저장하는데 그 유통기한이 한 달이야. 한 달이 지나면 생리라는 이름으로 깨끗이 비우고 다시 신선한 영양분을 쌓아두는 거란다."

✳ 사정에 대해

여자아이들이 월경을 경험하듯이 남자아이들은 흔히 꿈을 꾸다가 사정을 경험하게 된다. 그것이 몽정이다. "밤에 자다가 혹시 오줌 싼 것처럼 속옷이 젖었다면 감추지 말고 말해 줄 거지? 그건 절대 창피한 게 아니야. 여자의 생리와 비슷한 거고 네가 아빠가 될 수 있는 건강한 몸이라는 증거니까. 그날은 몸보신 시켜줄게."라고 말하면 아이가 부끄러움으로 회피하는 일은 없을 것이다.

⚜ 13~15세 아이의 성교육

신체적, 심리적으로 큰 변화를 겪는 이 시기의 청소년들은 특히 성에 대한 호기심과 고민을 가지고 있는 것은 당연한 일이다. 그러나 대부분의 부모나 교사들은 이러한 성 고민을 효과적으로 해결하지 못하고 있다.

급격하게 성장해 성인이 되어 가는 단계이지만, 사회적으로는 아이도 아니고 성인도 아닌 과도기에 속해 많은 고민과 갈등을 겪게된다. 또한 부모로부터 독립하고자 하는 시기, 정서적 불안정기, 그리고 육체적 성숙기이기도 하다. 따라서 생리적으로 성적 충동이 커지면서, 심리적으로는 성인다운 행동을 해야 한다는 압박감을 느낀다.

청소년들은 자신들의 고민을 쉽게 드러내려고 하지 않는다. 특히 성에 관한 고민은 더욱 그렇다. 대중매체나 친구 등을 통해 습득되는 부정확한 지식들은 결코 고민을 해결해주지 못한다. 물론 부모 앞에서 성에 대한 고민을 털어놓는 것이 쉽지 않은 일이지만, 가장 가까이에서 도움을 줄 수 있는 부모는 자녀들의 호기심과 고민을 해결해 줘야만 하는 입장이며, 성교육 또한 자녀 교육의 일부임을 인식해야만 한다.

이 시기에 성교육이 제대로 이루어지지 않으면 성을 불결하게 보거나 성에 대한 그릇된 단편적인 지식만을 갖게 되기도 하며, 때로는 성범죄의 원인이 되기도 한다.

⭐ 성교육의 기초

✳ 부모가 설명해 줘야 할 내용

인간의 출생부터 시작해서 이성 문제나 성생활, 성관련 범죄 등 구체적이고 광범위한 내용을 이해시켜야 한다.

✳ 청소년 임신의 부작용

• 월경이 시작된 여성이라면 누구나 임신이 가능하다.

• 아직 자궁의 발달이 완전하지 못하기 때문에 아기의 사망률과

기형아 출산이 높다.

- 각종 질병의 발병률도 높고, 미숙아일 확률도 매우 높다.
- 출산으로 인해 학교를 도중에 그만두게 되어 직장을 가지거나 학업을 통해 성공할 수 있는 기회를 놓치게 된다.

✽ **청소년이 꼭 알아야 할 마음가짐**

- 사랑이 전제되지 않은 성관계에서는 억제되어야 한다.
- 상대가 원하지 않는데 성관계를 시도하는 것은 범죄 행위이다.
- 질병이나 임신에 대한 예방 등의 준비가 없는 상태에서 성관계를 시도하는 것은 무책임한 행위이다.
- 결혼할 때까지 자신의 성욕을 적절하게 통제하는 것이 가장 바람직하다.

✽ **이성 교제에 대해**

- 이성에 대한 호기심, 애정 표현은 자연스러운 성장 과정이다.
- 객관적인 안목과 넓은 시야를 가질 수 있도록 지도한다.
- 성에 관한 건전한 태도를 지닐 수 있어야 한다.
- 가능한 한 집단으로 교제하거나 밝은 데서 만나는 것이 좋다.
- 반드시 책임이 따라야 함을 강조해야 한다.

✽ **자위 행위에 대해**

- 건강한 청소년이라면 자연스러운 일이다.
- 죄의식을 가질 필요는 없으나 지나치면 바람직하지는 않다.
- 자위를 할 때에 위생적인 점도 주의해야 한다.
- 자극적인 책을 탐독하거나 지나치게 성에 대한 생각에 골몰하지 않도록 한다.

- 좋은 습관을 들이고, 운동이나 활기찬 생활로 정력을 쏟을 수 있도록 도와준다.
- 성적 행동이 비정상적인 행동이 아님을 알려 줘야 한다.

역할을 바꿔 대화하라

흔히들 하는 말처럼 입장을 바꿔 생각해볼 필요가 있다. 쉬운 말처럼 들리지만 실제로 입장을 바꾼다는 것은 어려운 일이다. 이것은 공감이 필요하다. 공감이란 다른 사람의 입장에 서서 자기가 그 사람이라면 어떻게 느낄 것인지 상상해 상대방을 이해하고자 하는 것이다. 그러나 다른 사람과 공감을 하기 위해서는 먼저 자신의 생각을 버릴 필요가 있다.

아이가 무슨 일로 고민을 하고 있는 것처럼 느끼면 부모는 당장 끼어들어 자신의 의견을 말하고 싶어 한다. 그러나 그런 행동은 결과적으로 아이의 감정을 무시한 채 부모의 감정만을 강요하는 것밖에 되지 않는다. 그러므로 아이에게 말을 건네기 전에 '내가 아이 입장이라면 어떤 말을 듣고 싶을까?'를 자신에게 물어봐야 한다.

당신이 개구쟁이인 두 아이의 뒤치다꺼리를 하는 주부라고 생각해 보자. 하루 종일 쓸고 닦고, 뒤돌아서면 또 어질러져 있고 때론 싸우기도 하는 두 아이 때문에 정신이 없다. 저녁 때 퇴근한 남편에게 "하루 종일 두 아이에게 시달렸더니 너무 힘들어요, 지쳤어요."라며 말했다. 그랬더니 남편이 "그냥 편하게 살아, 안 해도 될 일을 만들어서 하니 힘들지."라고 말하는 것이다.

당신 마음은 어떤가. 아마 속마음도 알아주지 않고 아무렇게나 말하니 야속할 것이다. "고생이 많았어요. 내가 할 테니 잠시 쉬어요."라는 말이 듣고 싶었는지도 모른다. 서로 듣고 싶은 말은 따로 있다. 그러나 알지 못하다 보니 서운한 감정만 쌓이는 것이다.

아이가 처음 피아노를 배울 때의 일이다. 처음부터 가고 싶은 마음이 없었던 아이를 보내 놓고 나니 아이가 레슨을 잘 받고 있는지 늘 걱정이 되었다. 그런데 어느 날은 집에 오더니 한동안 말이 없었다. 무슨 일인가 궁금했지만 일단 지켜보았다. 아이는 슬그머니 나에게 오더니 체르니를 보여주며 말했다.

"엄마, 며칠 전부터 이거 배우는데 너무 어려워서 못 하겠어. 안하면 안 돼?"

나는 음악 교재를 받아들었다.

"와, 네가 이 어려운 걸 한단 말이지? 정말 힘들겠는걸. 엄마는 아예 알지도 못하는데 이런 걸 배우다니, 대단해."

아이는 빙그레 웃더니 자신의 방으로 들어가서 피아노를 치기 시작했다. 그러더니 나를 부르면서 이것저것 설명을 해주더니 이 부분이 너무 어렵다고 하는 것이다. 나는 천천히 해보라고 했고 아이는 아주 천천히 움직였다. 그렇게 몇 번을 연습하자 금방 익숙해져서 치기 시작했다. 아이는 엄마가 자신이 힘들다는 것을 알아준 것이 좋은 모양이었다.

부모와 자식이 서로 이해하고 공감하려면 우선 부모가 아이의 입장이 되어 참을성을 가지고 아이의 말에 귀를 기울여야 한다. 아이를 이해하려면 조심해야 할 것이 있다.

✿ 아이의 생각을 무시하지 말아야 한다

아이가 하는 말을 인정해 줘야 한다. 만약 아이에게 야채를 줬는데 먹기 싫어서 "이 야채는 매우 써요."라고 한다면 "그게 무슨 소리니? 네가 맛을 알아?"라고 해서는 안 된다. 또한 부모의 마음에 드는 옷을 입혀 놓았는데 아이가 "이 옷 별로야." 하고 말했을 경우 "근사한데, 너무 멋있어."라고 말하지 말아야 한다. 이것은 아이를 자기 뜻대로 하려는 부모들이다.

처음의 예처럼 야채를 먹이려는 부모와 먹지 않으려는 아이 사이에 실랑이가 벌어질 것이다. "너는 쓰다고 느꼈구나." 하는 편이 훨씬 부드럽고 먹기 싫다면 굳이 먹이지 않는 것이 바람직하다. 옷을 입히는 것도 마찬가지이다. 부모의 입장에서 예쁜 옷을 입히고 싶겠지만 아이가 마음에 들지 않아 얼굴이 부어 있다면 결국 부모 마음도 편하지 않다. "이 옷이 마음에 들지 않는 모양이구나."라는 것이 오히려 아이의 마음을 가라앉히는 것에 효과가 있다.

부모는 아이의 기를 살려주려고 "신경 쓰지 마, 괜찮아."처럼 별일 아니라는 듯 말할 수도 있는데 이것은 아이의 감정을 무시하는 태도이다. 그것보다는 "섭섭하겠구나, 그렇게 원하던 거였는데. 다음을 기약해야지 할 수 없잖니?" 하며 공감해주고 이해를 해주면 아이는 마음이 훨씬 편해진다.

❀ 아이를 몰아세우지 말아야 한다

"진짜야, 그게 사실이지? 어떻게 그럴 수 있어?" 하는 식의 말투는 아이에게서 변명거리를 만들어내게 할 뿐이다. 아이의 판단에 대해서 믿음을 갖지 않는 말투는 사용하지 않는 것이 좋다. 아이를 너무 엄격하게 다그치거나 이것저것 캐묻지 말아야 한다.

❀ 부모의 의견을 강요하지 말아야 한다

가급적이면 아이의 말 중에서 찬성할 수 있는 부분을 찾아낸다. 설령 이치에 맞지 않는다고 해도 "그럴 수도 있겠다. 그렇게 생각한 적은 없었는데."처럼 말해줘야 한다. "그게 무슨 말도 안 되는 소리니? 잘 알지도 못하면서 함부로 말하는구나." 등과 같은 말은 아이의 의견이나 감정을 무시하는 것이다.

개와 고양이의 싸움

개와 고양이는 만나면 으르렁대고 싸운다. 이유는 간단하다. 서로의 신호가 다르기 때문이다. 개는 꼬리로 웃는데 기분이 좋을 땐 꼬리를 들고 흔들며 나쁘면 꼬리를 낮춘다. 겁이 나면 아예 꼬리를 감추어버린다. 반면 고양이는 기분이 좋을 때 꼬리를 낮추고 기분이 나쁠 때나 싸워야 할 때 위로 치든다. 어쩌다 개가 고양이를 보고 반가워서 꼬리를 들고 다가가면 고양이는 '왜 저 개는 나만 보면 싸우자고 덤빌까.' 하고 생각하게 되는 것이다.

두 동물이 만나려면 각자의 신호를 버려야 한다. 그래야만 의사소통이 가능하게 된다.

✿ 조언은 가끔 한다

아이가 스스로 생각하고 판단하는 중요한 일이다. 그런 경험을 통해서 무엇이 옳고 그른지 배우게 되기 때문이며 자신의 결정에 더 신중해지기도 한다. 그런데 부모가 일일이 간섭을 하고 조언을 하면 나중에는 부모의 말을 경시하고 반발할 수도 있다.

만약 조언이 받아들여지지 않았다면 같은 말을 되풀이해서는 안 된다. 또한 아이가 바라지 않는 상황에서 조언을 하는 것도 좋지 않다. 만약 부모의 조언에 대해 시큰둥하거나 반대 입장을 말한다고 해서 "부모 말을 무시하다니 혼이 나야겠구나." 혹은 "그래, 네 멋대로 해라." 하는 식의 말투도 안 된다. 그때는 한발 물러나 조금 더 생각할 시간을 주고 아이의 입장을 이해하고 있다는 것을 보여주어야 한다. 좀 더 생각해보면 부모의 말이 옳다는 것을 스스로 인정하게 될 것이다.

인생은 큰 가게와 같다. 이 가게에는 오른쪽과 왼쪽에 카운터가 하나씩 있다. 오른쪽에는 '행복' 이라는 간판이 걸려 있고 그곳에서는 우리를 기분 좋게 하는 생각을 살 수 있다. 왼쪽 카운터에는 '불행' 이라는 간판이 있고 기분을 망치는 생각을 살 수 있다. 선택을 하는 것은 우리 자신이다. 스스로가 어느 카운터에서 구입을 할 것인지 결정한다. 무엇을 생각하고 어떻게 느끼는가는 자신이 결정할 일이다.

✿ 역할 바꾸기 놀이(어느 가정의 역할 바꾸기 놀이)

오늘 집에서 아이들과 역할 바꾸기 놀이를 했다. 엄마는 딸, 딸은 엄마, 아들은 아들. 아들은 아들이지만 딸의 아들이 되어야 하는 것이다.

딸아이는 엄마가 되어 집안일을 하게 되었고 나는 딸아이 대신 책을 읽고 숙제를 하고 그리고 엄마가 된 딸 몰래 게임도 했다. 그러다 들켜서 야단도 맞았다.

보통 일요일 저녁은 엄마가 아이들에게 잔소리를 하는 시간이기도 하다. 내일 학교 갈 준비도 해야 하고 숙제도 검사받고 잔소리도 듣고…….

엄마가 된 딸은 별로 하는 일 없이 하루를 빈둥거린 나에게 잔소리를 해댔다. 나는 오늘 하루 정말 한 일도 없이 놀았는데 피곤하다. 딸이 집안 청소며 부엌일도 다 해줬는데도 피곤해서 딸의 잔소리를 한 귀로 흘리며 잠이 들어버렸다. 딸이 옆에서 계속 잔소리를 했지만 무시하고 잤다.

엄마의 권위가 이래서야 어찌 아이에게 훈계를 할 수 있을까. 엄마가 된 딸이 왠지 불쌍해보였다. 그래도 무지 넓은 아량을 가진 우리 착한 딸(엄마)은 그런 게으른 엄마(딸)를 이해해주고, 용서해주고, 다음부터 그러지 말라고 타이르기까지 한다.

오랜만에 딸 노릇을 해보니, 그것도 쉽지는 않다. 그냥 내가 어릴 적엔 매일 숙제도 꼬박꼬박 잘하고 공부도 열심히 했다고 생각해왔는데 아마도 그것은 잘못된 기억이었나 보다. 아이는 아이다. 지금의 내 기준으로 아이를 평가하고, 재촉하고, 이끌지 말아야겠다. 나도 못할 일을 아이에게 시키지 말아야겠다는 생각이 들었다.

엄마 역할을 맡은 딸아이가 내게 자꾸 심부름을 시키는데, 무지 하기 싫었다. 결국 나는 엄마의 말을 거의 안 듣는 딸이 되어버렸다. 우리 딸이 그보다는 훨씬 더 딸 노릇을 잘 하고 있음을 깨닫게 되었다.

나부터 잘하자, 이게 역할 바꾸기 놀이의 교훈이다.

아이에게 철학을 갖게 하라

요즘 청소년 문제가 가정과 사회의 큰 관심사가 되고 있다. 일부 청소년들은 작은 역경에도 좌절하고 잘되라고 꾸짖는 부모나 선생님의 말에 반발해서 가출하거나 생을 포기하는 일까지 벌어지고 있다. 반면에 어려운 환경 속에서도 꾸준히 노력해 큰 성공을 하고 주위를 감동시키는 사례도 있다. 이런 대조되는 일이 생기는 것은 어릴 때부터 건전한 가치관과 자신만의 사상을 만드는 기회를 갖지 못했기 때문이다.

✹ 사색하는 힘 길러주기

혼자 조용히 생각할 시간을 갖게 하는 것이다. 아이가 책상에 앉아 아무것도 하지 않고 앉아 있다고 해서 "지금 멍청하게 뭐하고 있니? 공부도 하지 않고, 시간 아까운 줄 알아라."라거나 "무슨 엉뚱한 생각을 하는 거야? 무슨 생각했어?"라며 다그쳐서는 안 된다. 아이도 나름대로 생각을 정리할 시간이 필요하다. 머리를 채우는 것도 중요하지만 때론 비우는 것도 중요하기 때문이다.

아이가 시험을 앞에 두고 불안해하거나 집중을 하지 못한다면 자신의 몸과 마음을 안정시켜주는 마인드 컨트롤을 권해보는 것도 좋다. 마인드 컨트롤(mind-control)이란 심리학적인 용어로 정신 통제, 최면이나 자기 암시 등을 의미하는 뜻이다. 요즘은 일반인뿐만 아니라 학생들 사이에서도 긴장과 이완을 통해서 평정심을 찾도록 도와주는 마인드 컨트롤이 부각되고 있다.

마인드 콘트롤의 방법

✻ 자신의 마음 상태를 파악하게 한다

스스로가 자신이 지금 불안을 느끼는지, 긴장을 하고 있는지, 혹은 무엇에 얽매어 있지 않은지 마음상태를 정확하게 파악하는 게 중요하다.

✻ 집착을 버리게 한다

도미노를 하다가 자칫 실수로 하나가 넘어지면 매우 당혹스럽다. 순식간에 그동안의 노력이 물거품이 되기 때문에 어찌할 바를 모르는 사이 전체를 잃어버리는 것이다. 그동안의 결과에 집착하지 말고 냉정하게 중간을 끊으면 반은 살릴 수가 있음을 알아야 한다. '이번에는 꼭 시험을 잘 봐야 할 텐데.' 라는 생각으로 마음이 조급해지면 불안은 더욱 커지게 마련이다. 다시 시작한다는 마음으로 집착을 버리고 냉정해져야 한다.

✻ 원인을 분석하게 하라

실패는 성공의 어머니다. 인생은 결국 실패하고 또 일어서는 연속인 것이다. 그러나 뒤돌아보지 않고 앞만 향해 달려가는 것이 전부는 아니다. 넘어졌다면 얼른 일어나서 왜 넘어졌는지를 알아야 할 것이다. 그래야 같은 상황에서 또 넘어지지 않기 때문이다. 같은 실수를 반복하지 않으려면 원인을 분석하게 한다.

❋ 잠시 휴식을 취하게 하라

휴식은 재충전의 시간이다. 특히 하고자 하는 일이 자꾸 꼬이고 풀리지 않을 때는 그 일에서 아예 손을 떼고 아무 생각도 하지 말아야 한다. 풀리지 않는 수학 문제를 붙들고 늘어진다고 해서 답이 튀어나오지는 않는다. 아이의 등을 토닥이며 "잠시 쉬었다 하렴, 하늘빛이 파란데 구경해볼래?" 하며 부드럽게 휴식을 유도해준다.

❋ 자신을 철저하게 분석하게 한다

자신의 장점을 생각나는 데까지 적어보게 한다. 단점도 마찬가지이다. 어느 쪽이 더 많은지 비교해보자. 부모도 자신이 생각하고 있는 아이의 장점과 단점을 적어 아이와 비교를 해보는 것도 좋다. 의외로 아이는 단점이라고 적었던 것을 부모는 장점으로 적었을 수도 있다. 생각을 조금만 바꾸어본다면 지금까지 단점이라고 생각했던 것이 의외로 장점일 가능성이 많다.

❋ 믿어라, 믿는 자에게 복이 있나니

자기 자신을 믿는다는 것은 매우 중요한 일이다. 스스로도 믿지 못하면서 다른 사람들이 자신을 믿어주길 바란다면 그야말로 우스운 일이다. 부모는 아이가 자신에 대해 확신이 없다고 생각되면 아이에게 믿음을 심어줘야 한다. "잘 될 거야, 넌 노력했잖니."라는 말로 다독거려 준다.

아인슈타인의 뇌 비우기

어느 기자가 아인슈타인을 인터뷰하러 왔다. 아인슈타인과 다양한 이야기를 나눈 기자는 실험실을 둘러보고 사진 촬영을 끝으로 인터뷰를 마쳤다. 그리고는 실험실을 나서면서 아인슈타인의 집 전화번호를 물었다.

그러자 아인슈타인이 갑자기 주머니에서 작은 수첩을 꺼내 뒤적거리는 것이 아닌가. 아인슈타인의 행동에 깜짝 놀란 기자가 물었다.

"선생님, 지금 댁 전화번호를 모르셔서 수첩을 뒤적이는 건 아니시죠?"

세계적인 석학이 자신의 집 전화번호를 수첩에서 찾고 있다니 누가 그러한 상황을 상상이나 할 수 있겠는가. 그런데 기자의 어이없어 하는 표정을 보고도 아인슈타인은 태연하게 대답했다.

"적어두면 쉽게 찾을 수 있는 걸 왜 힘들게 기억합니까? 나는 사소한 것은 기록하고 잊어버리는 것이 낫다고 생각합니다. 그렇게 두뇌를 비워둬야 그 빈 공간에 창의적인 생각을 채우고 좀 더 효율적으로 쓸 것이 아닙니까?"

⚙ 자신의 값어치를 알게 하라

부모는 자신의 아이는 다른 아이들보다 더 뛰어나다는 착각 속에서 살고 있다. "공부만 조금 더 하면 잘할 텐데. 우리 아이는 노력을 안해서 그렇지 머리는 좋아요. 세상에서 우리 아이가 제일 예쁘죠." 이런 말들은 자신의 아이기에 가능한 말들이다.

게으른 사람은 자신의 가슴 속에 있는 진정한 가치를 알지 못한 채 평생을 평범하게 살다가 죽는다. 하지만 내면의 세계를 냉정하게 관찰한다면 역사는 달라질 것이다. 자신의 진정한 가치를 발견할 수 있도록 객관적으로 아이를 바라보고 조언을 해줘야 한다.

어느 청년의 여행

어느 청년이 여러 곳을 여행하면서 진정한 자신의 가치를 찾게 해줄 스승을 찾고 있었다. 그가 어느 마을에 들어섰을 때 마침 고명한 철학자가 있다는 말을 듣고 그 집을 방문했다.

청년은 정중하게 인사를 하고 철학자에게 말했다.

"선생님, 인간의 진정한 값어치란 무엇입니까?"

철학자는 청년의 물음에 한동안 침묵을 지키고 있다가 귀한 보석을 주며 말했다.

"이 보석을 가지고 시장에 가서 값을 물어보고 오거나, 절대 팔지는 말고 그저 값만 물어 보아야 하네. 그리고 될 수 있는 한 여러 곳을 들러서 물어보거나."

청년은 처음 보는 자신을 믿고 선뜻 귀한 보석을 내준 철학자에게 감탄을 하며 여러 곳을 들러 값을 물어보았다. 맨 처음 과일가게에 들어갔다. 과일가게 주인은 보석을 대수롭지 않게 보고는 시큰둥한 표정으로 말했다.

"사과 두 개만 가져가시오."

두 번째로 식료품가게에 들어갔다.

"그 보석을 준다면 고구마 다섯 관을 주리다."

그 다음 철물점에 들어갔는데 귀한 보석임을 알아보고는 많은 돈을 줄 테니 자기에게 팔라고 매달렸다. 청년은 보석가게를 몇 군데 더 돌아다녔는데 가는 곳마다 보석의 값은 점점 높아졌다. 마지막으로 그 도시에서 가장 큰 보석상에 들어갔다. 그 보석상은 청년이 가져온 보석을 이리저리 세심하게 살펴보더니 이렇게 말했다.

"이 보석은 값으로는 따질 수 없는 매우 귀한 것입니다. 감히 돈으로 사고파는 하찮은 물건이 아니오. 잘 보관하시기 바랍니다."

청년은 보석을 들고 다시 철학자에게 돌아가서 자신이 겪은 일들을 말해주었다. 그러자 철학자는 청년의 말을 듣고 빙그레 웃으며 말했다.

"이제 그대는 인간의 진정한 가치를 깨달았을 것이네. 그대는 자신을 사과 두 개를 받고 팔 수도 있고 고구마 다섯 관에 팔 수도 있지. 또한 많은 돈을 받고 팔 수도 있겠지. 그러나 그대는 그대가 원하는 값으로 따질 수 없을 만큼 귀한 존재로 그대 자신을 만들 수도 있네. 그 모든 것은 자신을 어떻게 생각하느냐에 달려 있는 것이지."

청년은 자신을 찾는 긴 여행을 마치고 집으로 돌아갔다.

✵ 올바른 가치관을 심어주어야 한다

아이들은 해도 될 일과 해서는 안 되는 일에 대해 맨 처음 부모로부터 교육을 받는다. 어쩌면 가정에서 이미 아이의 가치관은 형성되는 것이다. 하지만 모든 일은 동전의 양면과 같다. 앞이 있으면 뒤가 있는데 대부분 부모는 그중 한쪽만 가르치게 된다. 자신의 가치관에 따른 주관적 입장인 것이다.

나도 마찬가지로 내가 옳지 않게 여긴 일에 대해서는 아이에게 설명을 할 때 비판적이며 부정적일 수밖에 없다. 반면 내가 선호하는 사상에 대해서는 매우 긍정적이다.

　내가 애국자는 아니지만 물건을 살 때 어느 나라에서 만들었지 살펴보고 살 때가 많다. 그러면 아이는 "엄마, 이거는 왜 안 사? 같은 건데 이게 더 싸잖아." 하고 묻는다. 그러면 나는 그건 외국에서 만든 수입품이므로 엄마가 그걸 사면 그만큼 우리나라 돈이 외국으로 빠져나가기 때문에 싫다고 설명을 했다.

　아이는 우리 돈으로 사는데 어떻게 빠져나갈 수 있냐고 반문한다. 그래서 머리 복잡한 설명을 피해 이렇게 말해주었다.

　"딸이 외국이고, 그러니까 만든 사람이야. 아빠는 가게고 엄마는 물건을 사는 사람이라고 생각했을 때 물건을 들여오려면 우선 돈을 주고 사오는 거야. 그러면 엄마는 가게에 가서 그 물건을 사게 되지. 아빠는 그 돈을 가지고 또 외국에 돈을 지불하고 물건을 들여오게 되면 내가 낸 돈이 결국 외국으로 가게 되는 거지."

　아이는 어쨌든 이해를 한 모양이었다. 하지만 항상 물건을 살 때 어디서 만들었지 민감하게 생각하는 버릇이 생기고 말았다. 좋지 않은 결과다. 왜냐하면 수입품이라고 해서 무조건 배척할 수는 없는 것이다. 같은 값이면 내 나라 물건을 아끼는 것도 좋지만 우리나라에서 생산이 안 되는 제품일 수도 있고 더 좋은 제품일 수도 있는데 무조건 나의 국수주의를 따라하게 된 것 같아 다시 설명이 필요해보였다.

　부모는 아이에게 올바른 가치관을 심어주고 싶다면 그 어떤 것도 강요하거나 요구해서는 안 된다. 모든 문을 활짝 열어놓고 그 다양성 안에서 스스로 찾을 수 있도록 해야 한다.

세상을 보는 눈을 키우게 만들라

아이들에게 "세상은 넓고 할 일은 무궁무진하다."라는 말을 자주 한다. 그리고 아이들이 알을 깨고 세상 밖으로 당당하게 나아가기를 바란다. 하지만 구체적으로 무엇을 어떻게 보여주어야 아이들의 시야가 국제적으로 변할지 고민이 되었다.

❀ 좋은 책을 읽는 눈

책은 더 이상 말이 필요 없는 인생의 스승이다. 하지만 아이들이 싫어하는 데는 별 수 없다. 강제로 책 앞에 끌어다 앉혀놓을 수도 없고 만약 그런다고 해도 효과는 없을 것이다. 다른 집 아이들은 책을 좋아해서 매일 읽는다는데 내 아이는 한 달에 한 번 읽는 것도 나의 잔소리 때문에 억지로 시늉만 한다.

그래서 아이에게 책을 읽어주기 시작했다. 진작 어릴 때 해주지 못한 것이 후회스러웠다. 아이는 읽어주는 게 좋은지 옆에 붙어 움직일 줄 모른다. 혼자 읽게 하는 것보다 아이의 집중력이 더 좋아졌다. 전에는 "다 읽었어? 무슨 내용인지 말해줄 수 있어?"라고 물어보면 그저 얼버무리고 말았는데 읽어줄 때는 줄거리뿐만 아니라 자신이 재미있었던 부분도 기억하고 말하는 것이다.

어느 날, 고양이에 대해서 아이들과 이야기를 하다가 소설 '검은 고양이'에 대해서 말하게 되었다. 내용을 조금 말해주니 무척 궁금해하는 것이다. "우리 집에 그 책 있어. 포우 단편집에 보면 나와. 책장에 있으니 보고 싶은 사람은 봐도 돼."라고 말했다. 그러나 기대하지는 않았다. 왜냐하면 그 책은 어른이 읽을 수 있는 깨알 같은 글씨로 되어 있기 때문이다. 다음에 읽어주려고 생각하고 있었는데 어느 날, 아이가 "엄마, 나 검은 고양이 다 읽었어. 재미있었어." 하는 것이다.

"그런데 맨 끝에 있는 적사병의 가면은 이해가 잘 안 돼."

"그래? 엄마도 읽은 지 오래되어서 기억이 안 난다. 다시 읽어보고 이야기해 보자."

"응, 근데 엄마 요즘 읽고 있는 책 다 읽었어? 나 읽어도 돼?"

"좀 어렵지 않을까? 그래도 원한다면 읽어봐."

갑자기 어려운 책에 손을 대는 게 부담이 가지는 않을까 싶지만 책에 관심을 가지다니 놀라운 발전이었다. 역시 억지로 읽으라고만 하는 것보다 때로는 옆에서 차분히 읽어주는 것도 아이의 눈을 뜨게 하는 자극이 된 것 같다.

자녀의 독서 교육은 이렇게

- **책거리를 해보자**

  책 한 권을 읽을 때마다 책거리를 해주는 것이다. 책거리라는 것은 옛날 서당에서 학생이 책 한 권을 떼거나 다 베끼면 훈장님과 친구들에게 한 턱 내는 풍습이다. 아이가 책을 한권 읽을 때마다 스티커를 붙여주고 열 권을 읽으면 작은 선물을 해주는 것이다.

- 아이와 서점에 가자

일주일에 한 번이라도 아이 손을 잡고 서점에 가거나 도서관에 가서 평소에 보고 싶었던 책을 찾아보기도 하고 읽어보기도 하는 것이다. 자신이 책을 고르고 읽으며 사는 즐거움을 느끼게 하는 것이다.

- 독서를 위한 배려를 하자

좋은 책을 권해주고, 골라주며 독서를 할 수 있게 공간과 시간을 배려해 줘야 한다.

✤ 국어사전을 읽게 하라

아이들은 질문이 많다. 그 대부분이 단어에 대한 물음이다. 아는 대로 답을 해주기는 하지만 나도 모르는 단어가 나오면 바로 국어사전을 펼친다. 때론 아이가 물어볼 때 "글쎄, 엄마도 잘 모르겠는걸. 네가 찾아서 엄마도 가르쳐줄래?" 하고 말한다. 그러면 아이는 국어사전을 들고 와 단어를 찾아서 읽어주곤 한다. "국어사전 있으니까 엄마한테 묻지 말고 궁금하면 사전 뒤져. 알았지?"라고 말하면 "그냥 엄마한테 물어보면 안 돼? 엄마가 더 쉽게 설명해주는데. 엄마는 어떻게 그렇게 많이 알아?" 나는 아이에게 사전을 많이 읽어서 그렇다고 대답해주었다. 단어를 찾는 게 아니라 그저 책처럼 읽는다는 소리에 아이의 눈이 둥그레진다.

사전을 항상 가까이에 두고 그때그때 뜻을 찾아보게 하는 것이 좋다. 더 나아가 사전을 통째로 읽게 해보는 것이다. 하지만 싫다는데 억지로 할 필요는 없다. 사전에 흥미를 느낄 수 있도록 모르는 단어에 대해 아이에게 찾게 하는 것도 좋다. "자, 얼마나 잘 찾는지 한 번

볼까, 엄마가 말하는 단어를 찾아보자." 하며 사전을 가지고 놀이를 하는 것도 사전과 친해지는 방법이다.

✿ 여행을 떠나보자

집을 벗어나면 세상에는 볼 것도 많고 들을 것도 많다. 아이를 데리고 여러 곳을 여행하며 아이가 느낄 수 있도록 해주는 게 좋다. 자연은 새로운 것으로 가득 차 있다. 자연이 줄 수 있는 흥분, 기쁨, 신비함은 무궁무진하다. 풀 한 포기만 헤쳐봐도, 나무껍질에 돋보기만 갖다대봐도, 땅 한 줌만 파봐도 숨어 있던 새로움이 폴짝폴짝 튀어나온다.

이러한 자연환경과 나의 관계를 이해하기 위해서는 아이가 자연환경 속에서 자연과 직접 만나봐야 한다. 아이들은 자연환경이 만들어내는 갖가지 맛과 향기를 한껏 만끽할 수 있는 체험을 통해 숲 속의 한 그루 나무와 집 근처의 야생화와도 친구가 될 수 있다. 게다가 가족과 함께라면 유대감도 더 깊어진다.

주의할 점은 아이가 즐길 수 있도록 배려를 해야 한다는 것이다. 새로운 것을 보았을 때 부모가 나서서 설명하려 하거나 이론을 먼저 주입시키려고 해서는 안 된다. 그저 아이가 느끼고 저절로 받아들이게 두어야 한다.

도심 속에서 아이들과 가볼 만한 곳은 박물관이다. 여러 가지 다양한 종류의 박물관을 찾아다니면 세계를 모두 만나게 된다. 고대의 유물부터 첨단산업 전시까지 아이의 눈은 세상을 향해 열리게 된다.

✿ 자신을 사랑하게 하라

세상에 귀하지 않은 것은 없다. 그리고 쓸모 없이 세상에 존재하는 것도 없다. 그런데 가끔 정체성에 혼란을 느끼거나 주변 환경이 복잡해지면 아이들은 '난 왜 이 세상에 태어났을까.' 하는 고민을 한다. 때론 극단적인 방법으로 자신을 학대하거나 자살을 결심하기도 한다.

아이가 사춘기에 접어들면서 평소와 달리 우울해하고 혼자 있으려 한다면 더욱 각별한 관심을 기울여야 한다. "언제나 너를 사랑하고 있단다."라며 늘 주위에 기댈 곳이 든든하다는 것을 일깨우고 무엇보다도 자신을 사랑할 수 있게 해줘야 한다. "너는 소중해, 왜냐하면 이 세상에 너는 유일한 한 명이니까. 다이아몬드보다 더 귀하지, 그렇지?"라며 자신을 사랑하게 만들어야 한다. 세상이 있어서 자신이 존재하는 것이 아니라 자신이 존재하기 때문에 세상이 있다는 것을 말해줘야 한다.

✿ 생각의 틀을 깨라

사람들은 생각을 하면서도 무의식 중에 제약을 많이 받는다. 사회적 통념, 가족의 생각, 주위 사람들의 시선들이 그것이다. 혹시 다른 생각이나 행동을 했다가 비난받으면 큰일이라는 생각을 하기 때문에 세상을 다르게 바라보고 싶어도 주저하게 된다.

아이들의 생각은 언제나 기발하고 질문도 더 예리하다. 어린아이들은 규칙을 모르기 때문에 마음대로 상상하고 상식을 깨는 독특한 아이디어를 창조해낼 수 있다. 아이들을 고정관념에 얽매이게 해서는 안 된다. "그건 안 돼, 지금까지 아무도 그렇게 한 적이 없잖아. 넌 왜 남이 하지 않는 일을 하려고 드니?" 평소 당신의 아이에게 이렇게 말한다면 생각을 바꿔보기 바란다. 남이 하지 않으려고 하는 것을 하는 아이라면 분명 큰일을 낼 사람이다.

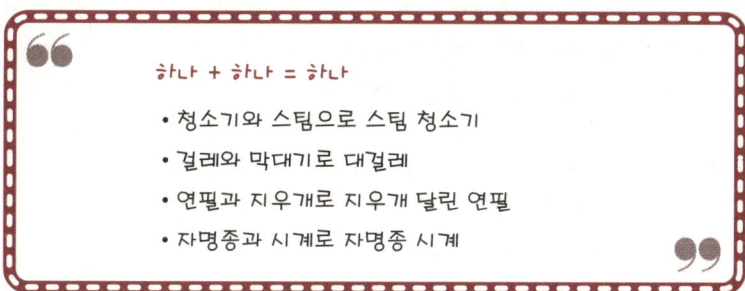

하나 + 하나 = 하나

- 청소기와 스팀으로 스팀 청소기
- 걸레와 막대기로 대걸레
- 연필과 지우개로 지우개 달린 연필
- 자명종과 시계로 자명종 시계

이것은 모두 기존의 다른 두 가지를 합쳐 하나로 만든 것이다. 이 외에도 수많은 물건들이 편리함을 쫓아 하나로 합쳐졌다. 당신의 아이에게 엉뚱한 면이 있다면 '도대체 우리 아이는 왜 저런 말도 안 되는 생각만 하는지 원.' 하며 푸념하지 말고 같이 고민해보자. 세상을 보는 눈이 남들과 똑같다면 너무 평범하다.

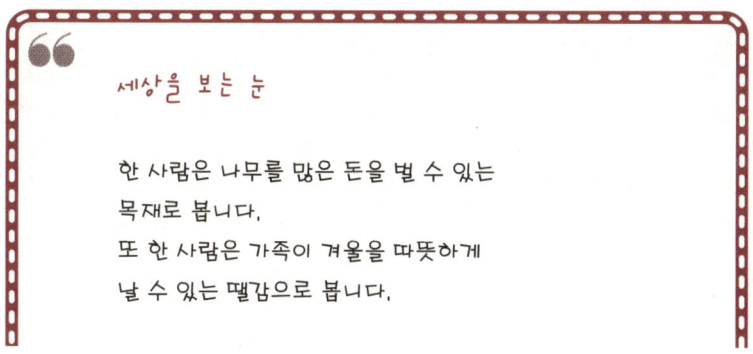

세상을 보는 눈

한 사람은 나무를 많은 돈을 벌 수 있는
목재로 봅니다,
또 한 사람은 가족이 겨울을 따뜻하게
날 수 있는 땔감으로 봅니다,

마지막 사람은 영혼을 가진 생명으로
아름다운 풍경을 만들어주는
대상으로 나무를 봅니다.
돈이나 장작을 넘어선 가치를 지녔다고
생각하는 것입니다.

이렇듯 세상을 달리 보는 것은
살아가는 태도가 다르기 때문입니다.
이 태도는 살아가는 목표를 결정합니다.

삶의 목표는 우리가 세상에서
무엇을 볼지 결정해주고
어떻게 볼지도 결정해주며
내면의 눈을 맑게 또는 흐리게도 합니다.

વાળા ૧-/૮ ⊕